# b1
# ¡Dale a la gramática!
## 230 ejercicios + soluciones

CARLOS GONZÁLEZ SEARA

en CLAVE | ELE

## Equipo editorial

**Dirección editorial:** enClave-ELE
**Edición:** Isabel Aranda
**Corrección:** Malena Castro
**Cubierta:** DC Visual
**Maquetación:** Grupo Adrizar
**Estudio de grabación:** J. D. Producciones

© enClave-ELE, 2012
ISBN: 978-84-15299-53-0

Depósito legal: M-21280-2012
Impreso en España por Impulso Global Solutions

Cualquier forma de reproducción, distribución, comunicación pública o transformación de esta obra solo puede ser realizada con la autorización de sus titulares, salvo excepción prevista por la ley. Diríjase a CEDRO (Centro Español de Derechos Reprográficos, www.cedro.org) si necesita fotocopiar o escanear algún fragmento de esta obra.

# INTRODUCCIÓN

**¡Dale a la gramática!** es una colección dirigida a estudiantes jóvenes y adultos de español como lengua extranjera (ELE) que les permite estudiar, practicar y repasar estructuras gramaticales de la lengua española.

La colección está adaptada a los niveles del *Marco común europeo de referencia*, proyecto que estructura actualmente la mayor parte de los currículum y de los manuales de enseñanza de idiomas.

Se puede utilizar de manera autónoma, para reforzar y consolidar la gramática ya estudiada, o en clase, como soporte de otro material pedagógico.

Cada libro está organizado por capítulos, que tratan sobre una estructura gramatical concreta. Los ejercicios en cada capítulo progresan paulatinamente en dificultad.

La tipología de ejercicios es variada para mantener el interés de los estudiantes: *tachar, relacionar, completar...*

Los ejercicios se presentan de manera simple, con consignas claras y con un ejemplo para garantizar la comprensión.

Cada capítulo se cierra con uno o dos ejercicios de repaso: textos cortos (narraciones o diálogos) inscritos en contextos de la vida cotidiana que permiten a los estudiantes autoevaluarse y consolidar lo aprendido.

Para centrar la atención de los estudiantes sobre la estructura gramatical tratada, el léxico empleado es sencillo y se ha dado prioridad a palabras o giros transparentes en muchos idiomas.

Con objeto de una mayor motivación, se ha procurado presentar los ejercicios en el contexto cultural y social actual de la comunidad hispanohablante.

El CD audio MP3 permite completar los ejercicios de repaso en términos de comprensión oral.

Para facilitar su tarea, al final de cada libro los estudiantes tienen las soluciones de los ejercicios planteados.

# ÍNDICE

1. Los pronombres OD y OI ............................................. 6
2. Valores de *se* ............................................. 14
3. Los relativos ............................................. 22
4. El futuro ............................................. 30
5. El condicional ............................................. 38
6. Las perífrasis ............................................. 46
   - A. *Soler* ............................................. 46
   - B. *Volver a* ............................................. 47
   - C. *Dejar de* ............................................. 48
   - D. *Ponerse a* ............................................. 49
   - E. *Llevar* + gerundio ............................................. 50
   - F. *Llevar sin* + infinitivo ............................................. 51
   - G. *Estar a punto de* + infinitivo ............................................. 52
7. El presente de subjuntivo ............................................. 54
8. El imperativo negativo ............................................. 62
   - A. Verbos regulares ............................................. 62
   - B. Verbos irregulares ............................................. 65
9. Pretérito imperfecto y otros tiempos del pasado ............................................. 70
10. Oraciones subordinadas temporales ............................................. 78
    - A. Anterioridad ............................................. 83
    - B. Posterioridad ............................................. 85
    - C. Simultaneidad ............................................. 86
11. Oraciones subordinadas ............................................. 88
    - A. Oraciones subordinadas concesivas ............................................. 88
    - B. Oraciones subordinadas finales ............................................. 92
    - C. Subordinadas causales ............................................. 93
    - D. Subordinadas condicionales ............................................. 96
    - E. Subordinadas consecutivas ............................................. 97

Soluciones ............................................. 100

# Capítulo 1

# LOS PRONOMBRES OD Y OI

**1. Formar frases según el modelo.**

Ejemplo: Carlos / dio / a mí / las gracias personalmente → *Carlos me dio las gracias personalmente. / Carlos me las dio personalmente.*

1. Aurora / mandó / a nosotros / el regalo ayer
→ _____ / _____
2. Pedro / felicitó / a vosotros / las fiestas con una postal
→ _____ / _____
3. La empresa / pagó / a ti / todos los gastos
→ _____ / _____
4. El mensajero / dejó / a mí / la carta en la portería
→ _____ / _____
5. El agente / puso / a vosotros / la multa por exceso de velocidad
→ _____ / _____
6. El laboratorio / dará / a ti / los resultados mañana
→ _____ / _____
7. La sociedad / devolverá / a nosotros / el dinero mediante un giro bancario
→ _____ / _____
8. La agencia / abonará / a mí / el billete en efectivo
→ _____ / _____

**2. Transformar según el modelo.**

Ejemplo: A mí no me contó todo. → *A mí no me lo contó todo.*

1. A usted no le contó todo. → _____
2. A ti no te contó todo. → _____
3. A ellos no les contó todo. → _____
4. A vosotros no os contó todo. → _____
5. A ustedes no les contó todo. → _____
6. A nosotros no nos contó todo. → _____
7. A ella no le contó todo. → _____
8. A Pedro no le contó todo. → _____

**3. Completar según el modelo.**

Ejemplo: A Pilar le negaron la beca. → Pues a mí *no me la negaron.*

1. Pues a nosotros → _____
2. Pues a Paloma y a Pablo → _____

3. Pues a ti → _____
4. Pues a usted → _____
5. Pues a Roberto → _____
6. Pues a vosotros → _____
7. Pues a ustedes → _____
8. Pues a nadie → _____

**4. Sustituir los nombres por pronombres.**

Ejemplo: El restaurante ofrecía a toda su clientela una copa de champán.
→ *El restaurante le ofrecía (a toda su clientela) una copa de champán.*
*/ El restaurante se la ofrecía.*

1. Las azafatas daban la bienvenida a los pasajeros a las puertas del avión.
→ _____ / _____
2. Los porteros no permitían la entrada a los menores de edad.
→ _____ / _____
3. Los damnificados pedían ayudas económicas al gobierno.
→ _____ / _____
4. Las compañías regalaban viajes a sus mejores clientes.
→ _____ / _____
5. El presidente de gobierno comunicó su decisión al Jefe del Estado.
→ _____ / _____
6. El tribunal concedió al acusado la libertad condicional.
→ _____ / _____
7. Las ONG proporcionaban ayudas a los afectados más necesitados.
→ _____ / _____
8. Las compañías enviaban las facturas a los usuarios directamente a sus cuentas.
→ _____ / _____

**5. Sustituir los nombres por un pronombre OD y transformar el pronombre OI si es necesario.**

Ejemplo: A Gerardo no le dan las vacaciones hasta septiembre.
→ *A Gerardo no se las dan hasta septiembre.*

1. A nosotros nos suben la compra a casa sin cargo. → _____
2. A ellos todavía no les notificaron el importe a pagar. → _____
3. A usted ya le hemos localizado las maletas. → _____
4. A mí aún no me han confirmado los detalles de la venta. → _____
5. A Julia le entregaron las llaves del piso la semana pasada. → _____
6. A vosotros no os dicen la verdad. → _____
7. A ti no te perdonan los desplantes. → _____
8. A ustedes les cambiarán las reservas. → _____

**6. Contestar a las preguntas.**

Ejemplo: ¿Quién le ha dado a usted esa información? / La azafata
→ *Me la ha dado la azafata.*

1. ¿Quién te ha recetado estas pastillas? / el médico de guardia
→ _____

2. ¿Quién os ha presentado a ese sinvergüenza? / Jaime
→ _____

3. ¿Quién le ha dado a esa gente la invitación para entrar? / la dirección
→ _____

4. ¿Quién les ha dicho a ustedes todas esas tonterías? / el servicio de información
→ _____

5. ¿Quién les ha hecho esa faena a los Palacio? / sus mejores amigos
→ _____

6. ¿Quién le ha recomendado a tu amiga semejante corte de pelo? / yo
→ _____

7. ¿Quién os ha regalado esos muebles tan feos? / mi madre
→ _____

8. ¿Quién te ha vendido esta porquería? / tu hermano
→ _____

**7. Sustituir y transformar según el modelo.**

Ejemplo: Lo siento pero no te puedo prestar el dinero.
→ *Lo siento pero no te lo puedo prestar. / Lo siento pero no puedo prestártelo.*

1. Le acabo de mandar un mensaje a Pedro felicitándolo.
→ _____ / _____

2. Todavía no les podemos confirmar a ustedes la hora de llegada.
→ _____ / _____

3. Le tengo que hacer unos recados a mi padre.
→ _____ / _____

4. Esta noche os voy a preparar una paella.
→ _____ / _____

5. Te tiene que dar de vuelta cinco euros.
→ _____ / _____

6. Les acabo de vender la última barra de pan a esos señores.
→ _____ / _____

7. Le vamos a dar una sorpresa por su cumpleaños.
→ _____ / _____

8. Nos vamos a regalar un viaje este verano.
→ _____ / _____

**8. Contestar a las preguntas.**

Ejemplo: ¿A quién le vamos a echar una mano? A ti
→ *Te la vamos a echar a ti. / Vamos a echártela a ti.*

1. A usted          → _____ / _____
2. A vosotros       → _____ / _____
3. A ustedes        → _____ / _____
4. A él             → _____ / _____
5. A nuestros vecinos → _____ / _____

6. A mis amigos → _____ / _____
7. A Juan → _____ / _____
8. A nosotros mismos → _____ / _____

**9. Sustituir y transformar según el modelo.**

Ejemplo: Ese conductor nos está haciendo señas.
→ *Ese conductor nos las está haciendo. / Ese conductor está haciéndonoslas.*

1. Le está diciendo buenos días en su idioma.
→ _____ / _____
2. Les estoy explicando las instrucciones.
→ _____ / _____
3. Te estamos haciendo una oferta para la próxima temporada.
→ _____ / _____
4. Nos estamos jugando el puesto de trabajo.
→ _____ / _____
5. La competencia os está proponiendo un trato.
→ _____ / _____
6. El entrenador les está mostrando la estrategia de juego.
→ _____ / _____
7. El proveedor le está poniendo difícil el acuerdo.
→ _____ / _____
8. Los clientes nos están mandando de vuelta las mercancías.
→ _____ / _____

**10. Completar según el modelo.**

Ejemplo: Mi declaración de la renta sigue haciéndola la misma gestoría de siempre.
→ *Mi declaración de la renta me la sigue haciendo la misma gestoría de siempre. / Mi declaración de la renta sigue haciéndomela la misma gestoría de siempre.*

1. Nuestra declaración de la renta → _____ / _____
2. Su declaración de la renta → _____ / _____
3. Tu declaración de la renta → _____ / _____
4. Sus declaraciones de la renta → _____ / _____
5. Vuestras declaraciones de la renta → _____ / _____
6. La declaración de la renta de la pareja → _____ / _____
7. Nuestras declaraciones de la renta → _____ / _____
8. Vuestra declaración de la renta → _____ / _____

**11. Contestar a las preguntas.**

Ejemplo: ¿Quién te está haciendo la mudanza? / una empresa
→ *Me la está haciendo una empresa. / Está haciéndomela una empresa.*

1. ¿Quién le estaba pasando información al espía? / un alto funcionario
→ _____

2. ¿Quién os estuvo cuidando la casa durante vuestra ausencia? / un vecino
→ _____

3. ¿Quién te está preparando el banquete? / una empresa de catering
→ _____

4. ¿Quién le está decorando a usted la casa de la playa? / nadie
→ _____

5. ¿Quién les está dando consejos a ustedes? / un asistente social
→ _____

6. ¿Quién les está pagando el alquiler a tus inquilinos? / el Estado
→ _____

7. ¿Quién le está haciendo el currículo a Patricia? / ella misma
→ _____

8. ¿Quién me está cogiendo dinero del bolso? / Paco
→ _____

**12. Formar frases según el modelo.**

Ejemplo: Da la dirección. (a nosotros) → *Dánosla.*

1. Pregunta el número de teléfono. (a él) → _____
2. Pide unas tapas. (al camarero) → _____
3. Pasa los apuntes. (a mí) → _____
4. Haced la pregunta. (a vosotros) → _____
5. Mandad el mensaje. (a ellos) → _____
6. Pon la tilde. (a la ñ) → _____
7. Corregid las faltas. (a nosotros) → _____
8. Dejad una nota. (a mí) → _____

**13. Contestar.**

Ejemplo: ¿Puedo darle tu número a tu compañero? → *Sí, dáselo.*

1. ¿Puedo enseñarte ahora mi trabajo? → _____
2. ¿Puedo comprarles una chuchería a los niños? → _____
3. ¿Puedo daros un consejo? → _____
4. ¿Puedo hacerte una pregunta indiscreta? → _____
5. ¿Puedo poneros ahora la película? → _____
6. ¿Puedo prestarle algo a Juan sin problemas? → _____
7. ¿Puedo deciros una cosa? → _____
8. ¿Puedo retirarle la comida al perro? → _____

**14. Contestar a las preguntas.**

Ejemplo: ¿Nos llevan ustedes los pedidos a casa? / Sí → *Sí, se los llevamos a casa.*

1. ¿Nos recomendáis entonces este hotel? / Sí → _____
2. ¿Le vendiste la moto a Pedro? / Sí → _____
3. ¿Me conseguisteis las entradas? / No → _____
4. ¿Me puede decir usted el código de acceso? / No → _____
5. ¿Les mandaste a tus amigos la invitación? / Sí → _____
6. ¿Os leyeron las reglas a seguir? / No → _____
7. ¿Les habéis devuelto la visita a vuestros amigos? / Sí → _____
8. ¿Le ha hecho la pregunta el periodista? / Sí → _____

**15. Transformar según el modelo (en algunos casos 2 posibilidades).**

Ejemplos: Dan una indemnización a todos los trabajadores.
→ *Se la dan a todos los trabajadores.*

1. A los voluntarios les van a dar una paga extra. → _____
2. A los que protestan les están devolviendo el dinero. → _____
3. Hazle un cheque al portador. → _____
4. No me han dado todavía el visto bueno para empezar. → _____
5. Todavía nos siguen pagando los traslados. → _____
6. A los heridos leves les van a dar el alta. → _____
7. Denles su número de cuenta bancaria al cajero. → _____
8. A Nuria ya le han dado la baja por maternidad. → _____

**16. Contestar a las preguntas (2 posibilidades).**

Ejemplo: ¿Ya te han instalado los muebles?
→ *No, van a instalármelos mañana. / Me los van a instalar mañana.*

1. ¿Ya le han dado a usted la respuesta?
→ _____ / _____
2. ¿Ya has ido a recogerle el pasaporte a Pablo?
→ _____ / _____
3. ¿Ya te han abonado el importe en la cuenta?
→ _____ / _____
4. ¿Ya os han cargado la factura en la cuenta?
→ _____ / _____
5. ¿Ya les han dado las notas a los chicos?
→ _____ / _____
6. ¿Ya le ha pedido Pedro las vacaciones a su jefe?
→ _____ / _____
7. ¿Ya os han devuelto las llaves de casa?
→ _____ / _____

8. ¿Ya les han llamado a ustedes de la agencia inmobiliaria?
→ _____ / _____

**17.** Contestar a las preguntas (en algunos casos 2 posibilidades).

Ejemplo: ¿Quién le ha publicado el cuento a ese escritor? / una editorial argentina
→ *Se lo ha publicado una editorial argentina.*

1. ¿Quién te ha recomendado esa novela? / un amigo
→ _____

2. ¿Cuándo les vas a presentar el manuscrito? / mañana
→ _____

3. ¿Quién le va a escribir el libro a ese político? / un periodista
→ _____

4. ¿Quién os ha conseguido las invitaciones para el estreno? / un amigo escritor
→ _____

5. ¿Quién le está haciendo a usted los planos de la casa? / un arquitecto
→ _____

6. ¿Quién os está supervisando las obras? / un amigo aparejador
→ _____

7. ¿De dónde le traen el mármol para los cuartos de baño? / de Italia
→ _____

8. ¿Cómo le hacen llegar los proyectos a los clientes? / por internet
→ _____

**18.** Contestar a las preguntas.

Ejemplo: ¿Cuándo se lo dijeron a usted? → *Me lo dijeron* ayer.

1. ¿Cuándo se lo dijeron a Pablo? → _____ ayer.
2. ¿Cuándo se lo dijeron a ustedes? → _____ ayer.
3. ¿Cuándo se lo dijeron a tus amigos? → _____ ayer.
4. ¿Cuándo se lo dijeron a usted? → _____ ayer.
5. ¿Cuándo os lo dijeron? → _____ ayer.
6. ¿Cuándo te lo dijeron? → _____ ayer.
7. ¿Cuándo se lo dijeron a María? → _____ ayer.
8. ¿Cuándo me lo dijeron? → _____ ayer.

**19.** Formar frases según el modelo.

Ejemplo: Tomar el pelo / a vosotros → *Os han tomado el pelo. / Os lo han tomado.*

1. Coger manía / a ella → _____ / _____
2. Hacer el vacío / a usted → _____ / _____
3. Armar un escándalo / a nosotros → _____ / _____
4. Cantar las cuarenta / a mí → _____ / _____
5. Echar una mano / a ellos → _____ / _____
6. Echar un pulso / a ustedes → _____ / _____
7. Llevar la contraria / a ti → _____ / _____
8. Poner mala cara / a vosotros → _____ / _____

### REPASO

**20.** Completar con el complemento indirecto.

**Carmen:** ¿Sabes la última noticia?

**Maite:** Sí, Pablo y tú habéis roto.

**Carmen:** Y a ti, ¿quién _____ lo ha dicho?

**Maite:** A mí, _____ lo ha dicho Ana.

**Carmen:** ¿Ana? y ella ¿cómo se enteró?

**Maite:** A ella, supongo que _____ lo ha dicho Pablo.

**Carmen:** ¿Por qué lo supones?

**Maite:** Pues porque ahora salen juntos. Lo sabe todo el mundo.

**Carmen:** No te creo.

**Maite:** Pues, pregunta _____ lo a ella o a tu ex, como quieras.

**Carmen:** ¿Qué quieres decir con todo el mundo?

**Maite:** Pues eso que, sabiendo cómo es Ana, _____ lo ha debido de comentar prácticamente a todo el mundo. Bueno te pido un zumo de tomate o prefieres algo más fuerte. Te veo un poco pálida.

**Carmen:** ¡Qué graciosa! Dime una cosa ¿Tienes el móvil de Pedro?

**Maite:** ¿Qué Pedro, el hermano de Ana?

**Carmen:** Sí, ese mismo.

**Maite:** Oye, yo no creo…

**Carmen:** Bueno, ¿_____ lo das o no?

**Maite:** Sí sí, claro. Apunta. Simplemente pienso que esto no _____ lo debes hacer pagar a Pedro.

**Carmen:** Muchas gracias por la lección de moral, _____ lo agradezco sinceramente, pero _____ la puedes guardar para ti. Incluso diría que _____ la puedes aplicar a ti misma, porque si mal no recuerdo…

**Maite:** Pero ¿Qué más te da? Tú pasabas de Pablo.

**Carmen:** Qué Pablo y yo hayamos roto casi _____ lo tengo que agradecer a Pablo. Pero que se haya liado con esa tía y que encima lo publique a los cuatro vientos. Eso no _____ lo perdono. Yo también tengo sentimientos. ¿Comprendes?

**Maite:** Pues, la verdad, no. En fin ¿quieres que te pida lo de siempre?

**Carmen:** Sí, píde _____ lo. Gracias.

# Capítulo 2

# VALORES DE SE

**21.** Conjugar el verbo entre paréntesis.

Ejemplo: Miguel y Marisa (conocerse) **se conocieron** cuando tenían 17 años.

1. (Hacerse) _____ muy amigos y durante algún tiempo frecuentaron la misma pandilla.
2. Marisa (marcharse) _____ a estudiar fuera y Miguel (quedarse) _____ en su ciudad natal.
3. Durante sus estudios universitarios apenas (verse) _____
4. (Encontrarse) _____ en casa de unos amigos comunes algunos años más tarde.
5. Miguel (acercarse) _____ a ella y Marisa (llevarse) _____ una alegría inmensa al verlo.
6. (Contarse) _____ un poco sus vidas y quedaron en verse.
7. Miguel (ponerse) _____ en contacto con ella por mail pero no hubo respuesta.
8. Nunca más (volverse) _____ a ver.

**22.** Sustituir lo subrayado según el modelo.

Ejemplo: Los implicados en el asunto <u>se enriquecieron desmesuradamente</u>.
/ ponerse las botas
→ *Los implicados en el asunto se pusieron las botas.*

1. El fin de semana pasado <u>todo salió a la luz</u>. / descubrirse el pastel
→ _____

2. El político entrevistado <u>se enfureció</u> cuando le hicieron la pregunta. / ponerse hecho una fiera → _____

3. El periodista <u>persistió obstinadamente en su afirmación</u>. / mantenerse en sus trece
→ _____

4. En ese momento, en el plató, <u>hubo gritos e insultos</u>. / armarse la gorda
→ _____

5. El presentador <u>fue directo en sus preguntas</u>. / no andarse por las ramas
→ _____

6. El director del programa <u>consiguió lo que quería</u>. / salirse con la suya
→ _____

7. El cámara <u>salió discretamente sin decir adiós a nadie</u>. / despedirse a la francesa
→ _____

8. El moderador se fue a un bar y <u>se comió un montón de tapas</u>. / atiborrarse de tapas
→ _____

**23. Tachar la respuesta incorrecta.**

Ejemplo: Ayer tus colegas ~~se puso~~ / *se pusieron* muy pesados.

1. El dueño del pub *se enfadó / se enfadaron*.
2. El taxista *se acabó / se acabaron* por enojar también.
3. Cuando estos chicos salen por la noche no *se controla / se controlan* nada.
4. Al final siempre *se pierde / se pierden* los modales.
5. El problema siguió después porque Ana y Pepe *se insultó / se insultaron*.
6. Pepe siempre *se pone / se pusieron* desagradable cuando discute.
7. Bueno, Ana tampoco *se comporta / se comportan* muy bien.
8. Pero al final *se fue / se fueron* todos juntos.

**24. Poner en 3ª persona del singular.**

Ejemplo: Ayer te las arreglaste tú solito. → *Ayer se las arregló él solito.*

1. Es muy caro, no te lo puedes permitir. → _____
2. Siempre te las compones para llegar a fin de mes. No sé cómo haces.
   → _____
3. Antes te las arreglabas tú solo sin ayuda de nadie.
   → _____
4. Si te lo propones, lo puedes hacer. → _____
5. Si no quieres venir, tú te lo pierdes. → _____
6. Si te lo tomas tan mal, peor para ti. → _____
7. No te lo vas a creer: Paula ha ordenado su habitación.
   → _____
8. Ya que te las das siempre de listo, no pienso echarte una mano.
   → _____

**25. Formar frases según el modelo.**

Ejemplo: Ocurrírsele algo a alguien / A mí una idea genial
→ *Se me ocurrió una idea genial.*

1. Estropeársele algo a alguien / A nosotros el coche en plena autopista
   → _____
2. Resbalársele algo a alguien / A Natalia el florero de las manos
   → _____
3. Pasársele por la cabeza algo a alguien / A ellos esa solución
   → No _____
4. Permitírsele la entrada / A ti durante la votación → _____
5. Olvidársele algo a alguien / Al conferenciante parte del discurso
   → _____

6. Hacérsele difícil la vuelta al trabajo a alguien / A mí en septiembre
→ No _____

7. Caérsele algo a alguien / A usted esto del bolso
→ Perdone, _____

8. Ponérsele cara de pocos amigos a alguien / A ustedes cuando se enteraron
→ _____

**26.** Transformar según el modelo.

Ejemplo: Dicen que va a haber un fuerte vendaval de viento.
→ *Se dice que va a haber un fuerte vendaval de viento.*

1. Hablan de cierto peligro para las personas.
→ _____

2. Comentan que ciertas zonas costeras van a estar afectadas.
→ _____

3. Recomiendan que permanezcamos en casa.
→ _____

4. Aconsejan también cerrar bien las ventanas.
→ _____

5. Sugieren retirar las macetas de balcones y ventanas.
→ _____

6. Señalan no obstante que la situación no es muy grave.
→ _____

7. Comunican que son normas de sentido común.
→ _____

8. Anuncian que el tiempo mejorará en 24 horas.
→ _____

**27.** Conjugar el verbo entre paréntesis en la forma impersonal.

Ejemplo: En esta ciudad (vivir) *se vive* muy bien.

1. En esta ciudad (tapear) _____ de maravilla.
2. En esta ciudad (poder) _____ salir por la noche sin problema.
3. Esta ciudad (recorrer) _____ muy fácilmente a pie.
4. A esta ciudad (acceder) _____ directamente por autopista.
5. En esta ciudad (cantar) _____ y (bailar) _____ por las calles durante las fiestas locales.
6. En esta ciudad (construir) _____ sobre todo en los alrededores.
7. En esta ciudad (vestir) _____ muy informal porque es una ciudad de estudiantes.
8. En esta ciudad (vivir) _____ mucho en la calle.

**28.** Contestar a las preguntas.

Ejemplo: ¿De qué hablan hoy los periódicos? / De horarios → *Se habla de horarios.*

1. ¿A qué hora abren, por favor? / A las 10 de la mañana
→ _____

2. ¿A qué hora cierran, por favor? / A las 7 de la tarde
→ _____

3. ¿A qué edad empiezan a trabajar en este país? / A los 25 años
→ _____

4. ¿A qué edad dejan de trabajar en este país? / A los 65 años
→ _____

5. ¿A qué hora van a comer a mediodía? / A la 1 de la tarde
→ _____

6. ¿A qué hora vuelven de comer a mediodía? / A las 2 de la tarde
→ _____

7. ¿Cuánto tiempo llevan haciendo este programa? / Desde 1995
→ _____

8. ¿Desde cuándo están representando esta obra? / Desde hace 25 años
→ _____

## 29. Transformar según el modelo.

Ejemplo: Poco sabemos del espacio exterior. → ***Poco se sabe del espacio exterior.***

1. Afirmamos con rotundidad hoy lo que negamos mañana.
→ _____

2. Funcionamos con lógica, pero no es suficiente.
→ _____

3. Algunas veces suponemos más que sabemos.
→ _____

4. Estamos todavía en los inicios de la era espacial.
→ _____

5. Sin embargo no podemos sobrevivir sin ese conocimiento.
→ _____

6. Tenemos, pues, que avanzar para encontrar soluciones.
→ _____

7. Reconocemos de manera unánime que es vital para la humanidad.
→ _____

8. ¿Alcanzaremos el objetivo? Esa es la pregunta.
→ _____

## 30. Formar frases según el modelo.

Ejemplo: Encender el horno 10 minutos antes y apagar 5 minutos antes.
→ ***Se enciende el horno 10 minutos antes y se apaga 5 minutos antes.***

1. Extender la masa en un molde apropiado.
→ _____

2. Echarle el bacón y el queso gruyere rallado por encima.
→ _____

3. Batir los huevos y añadirles la nata. → _____

4. Poner un poco de sal, pimienta y nuez moscada.
→ _____

5. Mezclar todo y meter en el horno. → _____

6. Girar el molde a mitad de cocción. → _____

7. Sacar del horno tras 30 minutos y dejar reposar.
→ _____

8. Servir con una ensalada. → _____

**31. Relacionar.**

1. Es comentado                      a. Se comentaba
2. Era comentado                     b. Se comentará
3. Ha sido comentado                 c. Se comenta
4. Fue comentado                     d. Se comente
5. Será comentado                    e. Se comentaría
6. Sería comentado                   f. Se había comentado
7. Sea comentado                     g. Se ha comentado
8. Había sido comentado              h. Se comentó

**32. Tachar la respuesta incorrecta.**

Ejemplo: Aún no **se envió / se enviaron** los recibos.

1. La casa *se recibió / se recibieron* en herencia.
2. Sobre la casa *se pidió / se pidieron* dos créditos.
3. La casa y el bajo *se alquiló / se alquilaron*.
4. Uno de los créditos ya *se ha liquidado / se han liquidado*.
5. *Se llevó / Se llevaron* a juicio a un inquilino por impago.
6. *Se cometió / Se cometieron* errores de forma en el juicio.
7. *Se obligó / Se obligaron* a los propietarios a pagar las costas del juicio.
8. Al final, *se canceló / se cancelaron* todas las deudas.

**33. Transformar de la pasiva a la pasiva refleja.**

Ejemplo: El Escorial es construido en la segunda mitad del siglo XVI.
→ *El Escorial se construye en la segunda mitad del siglo XVI.*

1. Es erigido para conmemorar la batalla de San Quintín contra los franceses.
→ _____

2. Es creado como monasterio, residencia y panteón real.
→ _____

3. Para su emplazamiento, es escogida una pequeña aldea cuyo nombre es El Escorial, a 50 km de Madrid.
→ _____

4. En 1563, es colocada la primera piedra. → _____

5. En 1584, son terminadas las obras. → _____

6. Es considerado como el mejor ejemplo del estilo herreriano.
→ _____

7. Es conocido como *Monasterio de San Lorenzo de El Escorial* o simplemente *El Escorial*. → _____

8. Desde hace siglos, ya no es utilizado como residencia real.
→ _____

**34. Contestar a las preguntas.**

Ejemplo: ¿En qué año fue fundada la UNESCO? / 1945
→ ***La UNESCO se fundó en 1945.***

1. ¿Cuándo fue ratificada su constitución? / Un año más tarde, en 1946
→ _____

2. ¿En qué año fue inaugurada su sede actual en París? / 1958
→ _____

3. ¿Cuándo y dónde fue lanzado el primer proyecto de grandes dimensiones? / 1960, en Abu Simbel
→ _____

4. ¿En qué año fue creada la convención del Patrimonio Mundial? / 1972
→ _____

5. ¿En qué año fue inscrito el primer monumento español? / 1984
→ _____

6. ¿Qué monumentos españoles fueron declarados Patrimonio de la Humanidad en 1984? / Varios, entre ellos, la Mezquita de Córdoba y la Alhambra de Granada
→ _____

7. ¿En qué año fue nombrado secretario general Federico Mayor Zaragoza? / En 1987
→ _____

8. ¿En qué año fue vuelto a considerar miembro de la UNESCO a EEUU? / 2003
→ _____

**35. Transformar según el modelo.**

Ejemplos: Nosotros fuimos obligados a bajar del avión.
→ ***A nosotros se nos obligó a bajar del avión.***

1 Una vez en tierra, los pasajeros fueron recibidos de mala manera.
→ _____

2. Javier fue ignorado cuando fue a protestar. → _____

3. Y tú fuiste invitado a callar. → _____

4. ¿Fue usted agredido en algún momento? → _____

5. Yo no fui agredido, pero sí fui empujado. → _____

6. ¿Fueron ustedes alojados en algún hotel? → _____

7. Nosotros, ni fuimos alojados ni fuimos invitados a tomar nada.
→ _____

8. ¿Fueron los turistas indemnizados por el caso? → _____

**36. Contestar según el modelo.**

Ejemplo: ¿Qué les fueron administrados como medicamentos a los heridos? / Ningún medicamento → **No se les administró ningún medicamento.**

1. ¿Qué te fueron aplicados como primeros auxilios? / El boca a boca
→ _____

2. ¿A dónde fue trasladado usted después del accidente? / A un dispensario
→ _____

3. ¿Qué os fue recetado? / Aspirinas
→ _____

4. ¿En qué fueron llevados al hospital? / En ambulancia
→ _____

5. ¿Quién fue enviado para atenderles? / Un enfermero
→ _____

6. ¿Ya os fue asignado un médico de cabecera? / Sí
→ _____

7. ¿Ya les fue comunicado la dirección del ambulatorio? / Todavía no
→ _____

8. ¿Cómo fuisteis tratados en la Seguridad Social? / Relativamente bien
→ _____

**37. Transformar según el modelo.**

Ejemplo: Le partieron el corazón. → **Se lo partieron.**

1. Le colgaron el teléfono. → _____
2. Les cerraron la puerta en las narices. → _____
3. Les echaron una mano. → _____
4. Le pusieron un ojo morado. → _____
5. Les dieron la lata todo el día. → _____
6. Le tomaron el pelo. → _____
7. Le cortaron las alas. → _____
8. Les dieron un toque de atención. → _____

**38. Contestar a las preguntas según el modelo.**

Ejemplo: ¿Dónde le perdieron la maleta a Marga? / En Madrid
→ **Se la perdieron en Madrid.**

1. ¿Cuándo le devolvieron el equipaje? / Un mes después
→ _____

2. ¿A dónde les llevaron los bolsos de viaje? / A sus casas
→ _____

3. ¿Cuándo les regalaron las mochilas? / Para sus cumpleaños
→ _____

4. ¿Cómo le entregaron la cartera? / En mano
→ _____

5. ¿Quién le compró los neceseres? / Su familia
→ _____

6. ¿Cómo le mandaron ese baúl? / Por barco
→ _____

7. ¿De qué color les comprasteis las billeteras? / Negras
→ _____

8. ¿A quién le pediste prestado el bolso? / A Paula
→ _____

### REPASO

**39.** Transformar según el modelo.

1. La propuesta fue aceptada. → **Se aceptó**
2. No sabemos todavía cuando será oficial.
→ _____
3. Primero será publicado en la prensa.
→ _____
4. Luego los profesores les dirán a todos los alumnos los requisitos a seguir.
→ _____
5. Todos los formularios tienen que ser presentados antes de fin de año.
→ _____
6. Tenemos que rellenar un formulario por persona.
→ _____
7. Los resultados serán conocidos a primeros de año.
→ _____
8. A los elegidos les enviarán una carta por correo certificado.
→ _____

**40.** Transformar las palabras subrayadas según el modelo.

Si sabes que los van a expulsar, creo que a Juan <u>le tienes que decir eso</u> **se lo tienes que decir/tienes que decírselo** porque, a pesar de todo, es tu amigo y no debes <u>ocultarle eso</u> _____; pienso que podría <u>tomarse tu silencio</u> _____ como una falta de confianza. En lo que respecta a los otros, creo que no tienes por qué <u>comentarles</u> eso _____ No son tus amigos y además no <u>podemos</u> _____ decir que sean realmente honestos. <u>Debemos</u> _____ tener en cuenta que tanto <u>Pedro como Penélope fueron grabados</u> _____ dando información confidencial. Eso es una falta y <u>es castigada</u> _____ con la expulsión. Se arriesgaron y les salió mal. Es su problema. Por otra parte todo esto <u>es publicado</u> _____ en el boletín interno y <u>todo el mundo es informado</u> _____ del asunto. Lo siento por Juan porque creo que <u>fue engañado</u> _____, pero <u>no podemos</u> _____ hacer nada.

# Capítulo 3
# LOS RELATIVOS

**41. Unir las dos frases con un relativo.**

Ejemplo: El pintor siempre tiene mucho trabajo. / Nos pintó toda la casa.
→ *El pintor que nos pintó toda la casa siempre tiene mucho trabajo.*

1. El electricista es muy bueno. / No puede venir.
→ _____

2. La bombilla está fundida. / Está en el cuarto de baño.
→ _____

3. El fontanero trabaja muy bien. / Vive cerca de aquí.
→ _____

4. El grifo es este. / No funciona.
→ _____

5. El carpintero está de vacaciones. / Vino el año pasado.
→ _____

6. La madera es muy cara. / Me gusta mucho.
→ _____

7. El cerrajero era de confianza. / Está jubilado.
→ _____

8. La cerradura es la de la bodega. / No cierra bien.
→ _____

**42. Unir las dos frases con un relativo.**

Ejemplo: Vamos a empezar la botella de vinagre de Jerez. / La compramos en España.
→ *Vamos a empezar la botella de vinagre de Jerez que compramos en España.*

1. Utilizamos siempre aceite de oliva. / Lo cultivamos nosotros mismos.
→ _____

2. A la vinagreta le añado una cucharadita de mostaza. / La traigo de Dijon.
→ _____

3. Esta es la pimienta. / La utilizo para todo.
→ _____

4. Aquí tienes el azafrán. / Lo hay que echar en la paella.
→ _____

5. Estoy preparando la mayonesa. / La voy a servir con las gambas.
→ _____

6. En estos platitos pon las aceitunas y los pepinillos. / Los ponemos de aperitivo.
→ _____

7. Ya he hecho la sopa de ajo blanco. / La voy a poner de primero.
→ _____

8. Todavía no he hecho el gazpacho. / Me lo pidió Ana expresamente.
→ _____

### 43. Tachar la respuesta incorrecta.

Ejemplo: La chica **que / ~~quien~~** sabía algo.

1. El detective se encontró delante de una chica *que / quien* conocía de algo.
2. La chica no era *que / quien* creía.
3. Pero no era la persona en *que / quien* estaba pensando.
4. Ignoraba *que / quien* estaba detrás de todo esto.
5. Le habían dicho que había alguien *que / quien* le estaba esperando.
6. La chica le dijo que podría informarle de *que / quien* era el asesino.
7. El detective intentaba recordar *que / quien* les había presentado.
8. De repente supo *que / quien* fue y supo también que él estaba en peligro.

### 44. Completar con *que*, *quien* o *quienes*.

Ejemplo: Mis padres, a **quienes** llamé antes de irme al aeropuerto, no estaban en casa.

1. El número de vuelo _____ anotaste, no era el correcto.
2. La persona a _____ se dirigió no le informó bien.
3. Las azafatas dejaban embarcar a _____ tenían la tarjeta de embarque.
4. Las personas _____ estaban haciendo cola estaban en lista de espera.
5. Había gente a _____ llamaban por megafonía.
6. Una señora ocupó una plaza _____ no era la suya.
7. El personal _____ nos informó del retraso no era de la compañía.
8. Los auxiliares de vuelo repartían la prensa a _____ la deseaban.

### 45. Relacionar y completar las frases.

1. El joven _____ lo ayudó era belga.
2. La joven a _____ ayudó era danesa.
3. El adolescente a _____ informó era marroquí.
4. La adolescente _____ la informó era griega.          a. que
5. El caballero a **quien** acompañó era sueco. ⟶            b. quien
6. La señora _____ lo acompañó era suiza.
7. El chico _____ la llamó era egipcio.
8. La chica a _____ llamó era venezolana.

**46.** Sustituir por *quien* o *quienes* cuando sea posible.

Ejemplo: El chico que saludaste ayer era mi hermano.
→ *El chico a quien saludaste ayer era mi hermano.*

1. Me he cruzado por la calle con las actrices que vimos ayer en el teatro.
→ _____

2. Me han presentado al actor que ganó un Goya.
→ _____

3. Hemos ido al concierto del cantante que consiguió un Grammy.
→ _____

4. Hemos hablado con el disc-jockey que contrataron para la fiesta.
→ _____

5. Nacho y Paco son los representantes que vosotros mismos elegisteis.
→ _____

6. Las soluciones que habían planteado ahora no son realizables.
→ _____

7. Eran dos personas que considerábamos amigos y de fiar.
→ _____

8. La gente que nos los recomendó no es muy seria.
→ _____

**47.** Tachar las respuestas incorrectas.

Ejemplo: El tren en **el / ~~la~~ / ~~los~~ / ~~las~~** que estábamos era de alta velocidad.

1. Los hoteles en *el / la / los / las* que se alojaban eran de 3 estrellas.
2. Las agencias de viajes con *el / la / los / las* que trabajaban proponían precios interesantes.
3. La compañía aérea con *el / la / los / las* que viajábamos era de bajo coste.
4. El aeropuerto de *el / la / los / las* que salimos estaba a 40 km del centro.
5. El destino a *el / la / los / las* que finalmente llegamos era una pesadilla.
6. Las habitaciones en *el / la / los / las* que nos pusieron eran minúsculas.
7. Los taxis, por *el / la / los / las* que pagábamos una fortuna, estaban sucios.
8. La tranquilidad, por *el / la / los / las* que habíamos pagado, simplemente no existía.

**48.** Completar con *que* o *el, la, los, las que*.

Ejemplo: El lago glaciar **que** visitamos estaba helado en esa época.

1. El glaciar _____ veíamos a lo lejos era accesible a pie.
2. Los senderos por _____ se podía pasear estaban bien balizados.
3. Las cataratas _____ bajaban de la montaña formaban cañones.
4. Las montañas _____ nos rodeaban pasaban los 3000 metros de altura.
5. El río en _____ se hacía rafting era un poco peligroso.
6. La carretera por _____ circulábamos tenía limitación de velocidad.
7. Los animales, a _____ no podíamos acercarnos, eran salvajes.
8. El paisaje _____ desfilaba ante nuestros ojos era grandioso.

**49. Transformar según el modelo.**

Ejemplo: La actriz a quien vimos en el teatro nos firmó un autógrafo.
→ *La actriz a la que vimos en el teatro nos firmó un autógrafo.*

1. Los guionistas de quienes hablaban ganaron un premio en Cannes.
→ _____

2. Los actores se quejaron de la directora con quien trabajaban.
→ _____

3. El actor a quien propusieron el papel principal no pudo aceptar.
→ _____

4. Los extras con quienes contaban llegaron tarde o no llegaron.
→ _____

5. El productor, a quien el director acusa de incumplimiento de contrato, no ha hecho declaraciones. → _____

6. El empresario estaba dispuesto a seguir adelante con quienes aceptaban sus proposiciones. → _____

7. El cámara no se hablaba con la actriz principal a quien denunció por acoso sexual.
→ _____

8. Las acomodadoras, a quienes nadie tenía en cuenta, hicieron una huelga.
→ _____

**50. Sustituir por *quien* o *quienes* cuando sea posible.**

Ejemplo: El arquitecto del que se hablaba en la prensa ha aceptado la propuesta.
→ *El arquitecto de quien se hablaba en la prensa ha aceptado la propuesta.*

1. El proyecto del que hablaban en los periódicos finalmente no se hará.
→ _____

2. El ingeniero con el que contaba todo el mundo ha declinado la oferta.
→ _____

3. La obra en la que se van a invertir varios millones durará un año.
→ _____

4. Los aparejadores con los que han contactado ya están trabajando.
→ _____

5. La empresa a la que han llamado tiene mucha experiencia en el sector.
→ _____

6. Los obreros de los que dispone la empresa son cualificados.
→ _____

7. El jefe de obra, del que se tienen buenas referencias, es extranjero.
→ _____

8. Los terrenos en los que se realizarán las obras fueron expropiados.
→ _____

**51. Formar una sola frase con *que* o *quien / quienes*.**

Ejemplo: No veo a Juan desde noviembre. / Lo voy a llamar.
→ *Voy a llamar a Juan, a quien no veo desde noviembre.*

1. El escritor no vendrá para firmar el libro. / Lo acaban de publicar.
→ _____

2. El escritor llamó para comunicarlo. / El librero no está muy contento.
→

3. El librero había distribuido invitaciones. / La gente se desplazó sin motivo.
→

4. Un cóctel estaba previsto. / El librero lo anuló.
→

5. A los invitados les habían prometido un autógrafo y, sobre todo, un cóctel. / Los invitados llegaron en masa.
→

6. Los invitados no se lo podían creer. / Los invitados estaban furiosos.
→

7. El librero estaba empezando a ponerse un poco nervioso. / El librero se deshacía en excusas.
→

8. El personal de seguridad trataba de calmar a la gente. / La gente se negó a abandonar la librería.
→

**52.** Transformar la frase según el modelo.

Ejemplo: La policía hablaba con unos comerciantes que estaban preocupados.
→ *Los comerciantes con quienes hablaba la policía estaban preocupados.*

1. La prensa hablaba de unos ladrones que estaban muy bien organizados.
→

2. El joyero describió a un hombre que iba encapuchado.
→

3. Los atracadores secuestraron a una mujer que estaba enferma del corazón.
→

4. Los delincuentes venían con dos mujeres que esperaban en el coche.
→

5. Un transeúnte vio pasar a dos hombres corriendo que llevaban una bolsa en la mano.
→

6. Los hombres iban acompañados de una mujer que lloraba.
→

7. Un camarero les sirvió café a un grupo de personas que tenía armas.
→

8. Los ladrones en su huída atropellaron a varias personas que esperaban el autobús.
→

**53.** Transformar las frases del ejercicio anterior según el modelo.

Ejemplo: Los comerciantes con quienes hablaba la policía estaban preocupados.
→ *Los comerciantes con los que hablaba la policía estaban preocupados.*

1. →
2. →

3. →
4. →
5. →
6. →
7. →
8. →

**54.** Transformar las frases con *cual* o *cuales*.

Ejemplo: El mundo en el que vive es pura fantasía.
→ ***El mundo en el cual vive es pura fantasía.***

1. La aldea en la que se instalaron debe tener 20 habitantes.
→

2. Los vecinos con los que tratan son campesinos, en su mayoría gente mayor.
→

3. Las fiestas locales en las que participan son de otra época.
→

4. La carretera por la que se accede al pueblo es un camino de cabras.
→

5. Este lugar en el que viven es el que siempre habían soñado.
→

6. Este sueño por el que han luchado siempre por fin se ha realizado.
→

7. Los amigos a los que mandan invitaciones van y no vuelven.
→

8. Sus familiares con los que tienen una buena relación tampoco vuelven.
→

**55.** Transformar con *donde, como* o *cuando*.

Ejemplos: Esta es la casa en la que nací. → ***Esta es la casa donde nací.***
Este es el modo en el que se destruyó. → ***Este es el modo como se destruyó.***
Esta es la fecha en la que se construyó. → ***Esta es la fecha cuando se construyó.***

1. Nunca olvidaré los lugares en los que estuve.
→

2. Siempre recordaré el modo en el que fui recibido.
→

3. Me acordaré también del día en el que llegué.
→

4. El pueblo en el que vivimos estaba en la selva amazónica.
→

5. La forma en la que se relacionaban era diferente de la nuestra.
→

6. Recuerdo el momento en el que vimos por primera vez el poblado.
→

7. La manera en la que se desarrolló el primer encuentro fue muy graciosa.
→ _____

8. La parte de la selva en la que se encontraba el poblado estaba cerca de Ecuador.
→ _____

**56.** Transformar según el modelo.

Ejemplo: El país al que viajaste era peligroso.
→ ***El país adonde viajaste era peligroso.***

1. La bocacalle en la que te esperé había mucho tráfico.
→ _____

2. El barrio por el que pasé está en la parte alta de la ciudad.
→ _____

3. La boca de metro en la que nos encontramos estaba cerca de su casa.
→ _____

4. La alameda en la que hay especies tropicales está en el centro.
→ _____

5. El paso de peatones por el que cruza todos los días no está bien señalizado.
→ _____

6. El parque por el que paseamos está cerrado al público por las noches.
→ _____

7. Los garajes de los que salen esas motos tienen video vigilancia.
→ _____

8. Las plazas de garaje en las que guardan los coches son grandes y tienen un trastero.
→ _____

**57.** Tachar la respuesta incorrecta.

Ejemplo: ***El que / L̶o̶ ̶q̶u̶e̶*** quiera, que se vaya.

1. No se sabe *el que / lo que* hay en el paquete.
2. Puede entrar *el que / lo que* tenga invitación.
3. *El que / Lo que* responda bien, gana.
4. *El que / Lo que* gane irá para una ONG.
5. *El que / Lo que* llegue tarde, no entra.
6. Siempre hizo *el que / lo que* quiso.
7. Pasó *el que / lo que* tenía que pasar.
8. *El que / Lo que* proteste, queda eliminado.

**58.** Completar con *el, la, los* o *las que*.

Ejemplo: Mira todas estas fotos y dime ***la que*** prefieres.

1. Observa estos primeros planos y aparta _____ estén mal enfocados.
2. Firma esta postal y también _____ están encima de la mesa.
3. Esta cámara de fotos es _____ me regalasteis vosotros.

4. El zoom es _____ permite hacer fotos como esta.
5. Este trípode fue _____ me dejé olvidado.
6. Las fotos panorámicas son _____ saqué en el viaje a Canadá.
7. Esta foto es _____ tengo encima de la chimenea.
8. Todos estos marcos son _____ compramos en Bali.

### REPASO

**59.** Completar las frases con *quien, como, donde, quienes, en el / la que, la que, lo que, el que.* (varias posibilidades)

1. *Lo que* se pudo ver en el Teatro Español es intemporal.
2. El espacio _____ el autor sitúa la obra es irrelevante.
3. Los actores salen a una escena vacía, _____ no hay nada.
4. El personaje del rey es _____ va presentando a los otros personajes.
5. El motor es el miedo y la fascinación de los personajes secundarios hacia _____ es su rey.
6. La hipocresía y la inteligencia del rey hacia _____ son sus súbditos.
7. La forma _____ los actores se mueven en escena es innovadora.
8. Esta obra es _____ ha sido seleccionada para inaugurar el certamen.

**60.** Completar con un relativo.

Del trabajo me fui directamente al aeropuerto. Cogí el metro *que* estaba más cerca de mi oficina. El vagón a _____ me subí estaba lleno de gente _____, como yo, se iba de fin de semana. Reconocí a lo lejos a una compañera de trabajo con _____ había hablado un par de veces, pero a _____ no conocía muy bien. Por fin llegué a la estación, me bajé del metro -_____ no fue fácil con tanta gente y tanta maleta- y me dirigí hacia el hall de entrada en _____ había todavía más gente. El andén de _____ salía el tren estaba un poco alejado pero como aún tenía un poco de tiempo entré en el quiosco para comprar algunas revistas. Me interesan, sobre todo, _____ tratan de cultura o de deportes. Cuando por fin me instalé en mi asiento vi que la persona a _____ había visto a lo lejos en el metro -_____ trabajaba en mi empresa tenía el asiento contiguo al mío. Un fastidio porque hablar de trabajo era lo último _____ quería hacer en ese momento.

# Capítulo 4

# EL FUTURO

**61. Conjugar en futuro.**

Ejemplo: leer (yo) → **leeré**

1. probar (yo) → _____
2. tratar (tú) → _____
3. intentar (él) → _____
4. parecer (nosotros) → _____
5. ser (vosotros) → _____
6. ver (ellos) → _____
7. oír (usted) → _____
8. recibir (ustedes) → _____

**62. Relacionar.**

1. yo
2. tú
3. él
4. nosotros
5. vosotros
6. ellas
7. usted
8. ustedes

a. iréis
b. darán
c. seguirás
d. reirá
e. volaré
f. perderemos

(5 → a)

**63. Conjugar en futuro.**

Ejemplo: hacer (yo) → **haré**

1. saber (yo) → _____
2. tener (tú) → _____
3. haber (él) → _____
4. poner (nosotros) → _____
5. poder (vosotros) → _____
6. caber (ellos) → _____
7. deshacer (usted) → _____
8. retener (ustedes) → _____

## 64. Relacionar.

1. decir
2. hacer
3. querer
4. valer
5. venir
6. salir
7. reponer
8. contener

a. vendré
b. saldrás
c. dirá
d. repondremos
e. haréis
f. contendrán
g. valdrá
h. querré

## 65. Tachar la respuesta incorrecta.

Ejemplo: Los periódicos **volveremos / volverán** a hablar mañana de lo mismo.

1. El periodista *presentaré / presentará* el telediario durante el mes de junio.
2. Yo no *firmaré / firmarás* ese artículo.
3. Nosotros *aceptaremos / aceptaréis* las críticas sin problemas.
4. Ustedes no *comprenderemos / comprenderán* una palabra porque el reportaje es en chino.
5. Tú nos *traduciré / traducirás* el programa.
6. ¿*Miraréis / Mirarán* ellos la televisión ese día?
7. ¿*Leeremos / Leeréis* vosotros los titulares?
8. Usted no *tomaré / tomará* parte en el coloquio.

## 66. Poner las frases en 3ª persona del singular y en 3ª del plural.

Ejemplo: No iré a visitarlo nunca más. → ...*irá / irán*...

1. No volveré a hablarle nunca más. → _____ / _____
2. No lo veré hasta pasado un tiempo. → _____ / _____
3. No permitiré más desplantes. → _____ / _____
4. No soportaré más sus caprichos. → _____ / _____
5. No aguantaré ni un minuto más sus cambios de humor. → _____ / _____
6. No toleraré su falta de modales. → _____ / _____
7. No aceptaré sus disculpas. → _____ / _____
8. No cambiaré de opinión. → _____ / _____

## 67. Poner las frases en 2ª persona del singular y en 2ª del plural.

Ejemplo: Tendremos mucho tiempo para hablar. → **Tendrás / Tendréis...**

1. Haremos el ridículo, seguro. → _____ / _____

2. Querremos estar en la foto, supongo. → _____ / _____
3. Vendremos de prisa y corriendo. → _____ / _____
4. Saldremos en el último minuto. → _____ / _____
5. ¿Sabremos estar a la altura de la situación? → _____ / _____
6. Diremos basta ya. → _____ / _____
7. Pondremos mala cara. → _____ / _____
8. Podremos irnos lo antes posible. → _____ / _____

**68. Poner el verbo entre paréntesis en 3ª persona del singular.**

Ejemplo: Con este tiempo (haber) **habrá** muchísima gente en la playa.

1. (Hacer) _____ un calor horroroso.
2. No se (poder) _____ aparcar.
3. No (caber) _____ ni un alfiler en la arena.
4. El agua (estar) _____ helada.
5. La gente (venir) _____ con sombrillas, toallas, comida, etc.
6. Todo el mundo (querer) _____ jugar, bañarse, tomar el sol.
7. (Haber) _____ un ruido insoportable.
8. Mejor (ser) _____ quedarse en casa.

**69. Transformar según el modelo.**

Ejemplo: ¿Qué le vas a regalar por su cumpleaños?
→ *¿Qué le regalarás por su cumpleaños?*

1. Todavía no sé lo que le voy a comprar.
→ _____

2. De momento no le vamos a decir nada.
→ _____

3. ¿Qué vas a hacer durante las vacaciones?
→ _____

4. ¿Vais a ir al extranjero?
→ _____

5. ¿Qué va a poner de cena?
→ _____

6. Lo vamos a saber muy pronto.
→ _____

7. Va a ser una cena fría a base de tapas.
→ _____

8. Van a venir sólo los amigos íntimos y algunos familiares.
→ _____

**70.** Conjugar en futuro los verbos entre paréntesis.

Ejemplo: Si enciendes la luz, (ver) **verás** mejor.

1. Si toma una aspirina, le (pasar) _____ el dolor de cabeza.
2. Si abusáis del café, no (dormir) _____ bien.
3. Si me voy a Irlanda, (poder) _____ perfeccionar el inglés.
4. Si haces deporte, te (sentir) _____ mejor.
5. Si hablan todos a la vez, no (escucharse) _____
6. Si vamos todos, no (caber) _____ en el coche.
7. Si estudias, (aprobar) _____
8. Si no estudia, (suspender) _____

**71.** Formar frases según el modelo.

Ejemplo: Comprar un libro / Conseguir otro gratis (tú)
→ *Si compras un libro, conseguirás otro gratis.*

1. Controlar la velocidad / Esquiar mejor (tú)
→ _____

2. Poner la música alta / Molestar a los vecinos (ellos)
→ _____

3. Privilegiar el transporte público / Hacer un gesto ecológico (vosotros)
→ _____

4. Coger el metro temprano / Haber menos gente (él)
→ _____

5. Ir una vez a ese país / Querer volver (tú)
→ _____

6. Probar los helados de aquí / Repetir (ustedes)
→ _____

7. Comprar en rebajas / Todo le salir más barato (él)
→ _____

8. Salir a la calle / Tener que coger un paraguas (yo)
→ _____

**72.** Transformar según el modelo.

Ejemplo: Vamos a mudarnos a otro barrio. / El año que viene
→ *El año que viene nos mudaremos a otro barrio.*

1. Voy a alquilar un estudio en la montaña. / En Febrero
→ _____

2. Creo que van a coger un monitor de esquí. / El invierno que viene
→ _____

3. Vas a quedarte muy solo durante las vacaciones. / En agosto
→ _____

4. Creo que me va a gustar estar un poco solo. / En verano
→ _____

5. Voy a pasear, ir a exposiciones y salir a cenar. / La semana que viene
→ _____

6. Va a haber poca gente, así que no vas a tener problema. / El mes que viene
→ _____

7. Vais a hacer lo que queráis. / El fin de semana que viene
→ _____

8. Va usted a poder dormir y descansar durante 3 semanas. / En Navidad
→ _____

**73.** Contestar a las preguntas.

Ejemplo: ¿Ya has comprado el IPAD? / Mañana → No, **lo compraré mañana.**

1. ¿Habéis cambiado de IPOD? / En cuanto podamos → No, _____
2. ¿Ha salido ya el nuevo IPHONE? / Un día de estos → No, _____
3. ¿Han ido ustedes a APPLE? / Pasado mañana → No, _____
4. ¿Ha probado ya el nuevo IMAC? / Mañana → No, _____
5. ¿Has arreglado ya el disco duro del ordenador? / La semana que viene
    → No, _____
6. ¿Hemos recibido ya la nueva pantalla? / Esta tarde → No, _____
7. ¿Habéis puesto ya el nuevo teclado? / El sábado que viene → No, _____
8. ¿Han instalado el nuevo programa? / El fin de semana → No, _____

**74.** Conjugar en futuro el verbo entre paréntesis.

Ejemplo: No te preocupes, (ser/yo) **seré** puntual.

1. No te preocupes, (llegar/nosotros) _____ a tiempo.
2. No te preocupes, (irse/tú) _____ a la hora prevista.
3. No te preocupes, todo (salir) _____ bien.
4. No te preocupes, no (tener/vosotros) _____ ningún problema.
5. No te preocupes, un taxi les (estar) _____ esperando.
6. No te preocupes, el papeleo nos (llevar) _____ diez minutos.
7. No te preocupes, (saber/ellos) _____ tu nombre y apellidos.
8. No te preocupes, (poner/nosotros) _____ todo en orden.

**75.** Contestar según el modelo.

Ejemplo: Haz la compra, por favor. → Vale, **la haré.**

1. Hazme ese favor. → Vale, _____
2. Sírvete un refresco. → Vale, _____

3. Dale las gracias a tu amigo. → Vale, _____

4. Ten en cuenta su problema. → Vale, _____

5. Ponte una corbata, por favor. → Vale, _____

6. Pregúntale a Ángel la hora a la que quedamos. → Vale, _____

7. Pídele la dirección exacta. → Vale, _____

8. Dile que estoy esperando. → Vale, _____

## 76. Transformar según el modelo.

Ejemplo: ¿Qué hora puede ser? → ***¿Qué hora será?***

1. Deben de ser las siete de la tarde. → _____
2. A estas horas deben de estar en casa. → _____
3. Hoy debe de haber mucha gente en la calle. → _____
4. Deben de tener mucha prisa. → _____
5. Debe de salir tarde del trabajo. → _____
6. Deben de entrar temprano. → _____
7. Deben de abrir a las ocho más o menos. → _____
8. No debe de ver la televisión. → _____

## 77. Transformar según el modelo.

Ejemplo: Nunca hay nadie en este restaurante. / Ser malo → ***Será malo.***

1. Carlos no ha venido a trabajar. / Estar enfermo
→ _____

2. Alfredo quiere ir a cenar. / Tener hambre
→ _____

3. Ellos no van nunca a la playa. / No gustar
→ _____

4. Ana no habla nunca de política. / No interesar
→ _____

5. Sus amigos no salen mucho en estos momentos. / No apetecer
→ _____

6. Hoy es el primer día de rebajas. / Haber mucha gente en las tiendas
→ _____

7. Teresa está muy amable hoy. / Querer algo
→ _____

8. Hay un camión de mudanza enfrente. / Alguien mudarse
→ _____

## 78. Poner en futuro el verbo entre paréntesis.

Ejemplo: Seguramente mañana (cambiar) ***cambiará*** el tiempo.

1. Seguramente (llover) _____

2. Con toda seguridad (hacer) _____ frío.
3. Casi seguro que (nevar) _____ por la tarde.
4. Sin lugar a dudas (helar) _____ por la noche.
5. Seguro que (haber) _____ tormentas.
6. Con toda probabilidad (salir) _____ el sol a última hora.
7. Sin duda (ser) _____ un día desagradable.
8. Sin lugar a dudas (mejorar) _____ a partir del fin de semana.

**79.** Contestar a las preguntas.

Ejemplo: ¿Crees que vamos a respetar los plazos previstos?
→ Sí, seguro que *los respetaremos.*

1. ¿Crees que va a aceptar la propuesta? → Sí, seguro que _____
2. ¿Crees que vamos a ganar el partido? → Sí, seguro que _____
3. ¿Crees que vais a conseguir un buen resultado? → Sí, seguro que _____
4. ¿Crees que van a poner dificultades? → Sí, seguro que _____
5. ¿Crees que vas a resolver todos los problemas? → Sí, seguro que _____
6. ¿Crees que voy a ser capaz de hacerlo? → Sí, seguro que _____
7. ¿Crees que vas a estar a la altura de las circunstancias? → Sí, seguro que _____
8. ¿Crees que vamos a llegar a la final? → Sí, seguro que _____

**80.** Formar frases según el modelo.

Ejemplo: Enrique es muy gracioso. / A mí no me hace ninguna gracia.
→ Pues *será muy gracioso, pero a mí no me hace ninguna gracia.*

1. Estoy agotado. / No paras.
→ Pues _____

2. Pablo tiene mucho dinero. / No se nota.
→ Pues _____

3. Hoy hay poca gente. / No se puede entrar.
→ Pues _____

4. Hablan inglés. / No se les entiende nada.
→ Pues _____

5. Nos gusta mucho el traje. / Le queda fatal.
→ Pues _____

6. No me interesa mucho el fútbol. / No te pierdes ni un partido.
→ Pues _____

7. Gabriela sale poco. / Nunca está en casa.
→ Pues _____

8. En este restaurante se come muy bien. / Hoy no es el caso.
→ Pues _____

**REPASO**

**81.** Poner el texto en futuro.

Los cinco hemos organizado un viaje de fin de carrera a Roma. Vamos a salir de Madrid a las 8 de la mañana y vamos a llegar a Roma sobre las 10. Para ir al centro, vamos a coger el tren porque el taxi es muy caro, además somos cinco y no vamos a caber todos en uno. Me voy a enterar de los horarios antes de llegar. Como sólo vamos a estar tres días, vamos a tener que aprovechar muy bien el tiempo. Conozco muy bien Roma, así que voy a hacer de guía y voy a llevarles a todos los sitios importantes. En este sentido, vamos a ahorrar tiempo. He reservado un hotel cerca de la Plaza Navona, con lo cual vamos a poder hacer prácticamente todo a pie, porque está en el centro. Ya les he avisado que va a ser muy intenso. Durante tres días, vamos a caminar mucho, vamos a entrar en museos y vamos a visitar monumentos. También vamos a comer pasta y pizza y vamos a hacer compras; es decir no vamos a parar. Nos vamos a levantar muy temprano y nos vamos a acostar muy tarde, lo que quiere decir que vamos a dormir poco. Si tengo un poco de tiempo, voy a ir a Villa Adriana yo solo porque queda en las afueras. Los otros se van a quedar en la ciudad porque es su primer viaje a Roma y van a ir a visitar el barrio del Trastévere. Este es nuestro proyecto: ¿Vas a venir o no? Vas a tener que darme una respuesta hoy porque esta noche voy a hacer las reservas de los vuelos. Gracias por tu respuesta lo antes posible.

Hasta mañana.

Los cinco hemos organizado un viaje de fin de carrera a Roma. ***Saldremos***

# Capítulo 5

# EL CONDICIONAL

**82.** Conjugar en condicional.

Ejemplo: leer (yo) → *leería*

1. ser (yo) → _____
2. estar (tú) → _____
3. ir (él) → _____
4. oír (nosotros) → _____
5. gobernar (vosotros) → _____
6. conocer (ellos) → _____
7. seguir (usted) → _____
8. cambiar (ustedes) → _____

**83.** Relacionar.

1. yo
2. tú                a. contaríamos
3. él                b. empezarías
4. nosotros          c. perdería
5. vosotros          d. seguiríais
6. ellas ─────────→  e. servirían
7. usted
8. ustedes

**84.** Conjugar en condicional.

Ejemplo: hacer (yo) → *haría*

1. decir (yo) → _____
2. tener (tú) → _____
3. querer (él) → _____
4. poner (nosotros) → _____
5. venir (vosotros) → _____
6. caber (ellos) → _____
7. rehacer (usted) → _____
8. detener (ustedes) → _____

**85.** Relacionar.

1. saber                a. valdría
2. hacer                b. podrías
3. haber                c. sabría
4. valer                d. saldríamos
5. poder                e. habría
6. salir                f. compondríais
7. componer             g. sostendrían
8. sostener             h. harías

**86.** Poner el futuro en condicional.

Ejemplo: Comenzaremos a filmar en invierno. → **Comenzaríamos...**

1. Compondrá la música. → _____
2. Escribirán el guión. → _____
3. Seré el ayudante de dirección. → _____
4. Dirigiremos la película. → _____
5. Harás el casting. → _____
6. Contrataréis a los extras. → _____
7. Adaptarán el libro. → _____
8. Se estrenará el próximo otoño. → _____

.

**87.** Tachar la respuesta incorrecta.

Ejemplo: Yo no lo **haría / harías** de esa manera.

1. Nosotros *preferiríamos / preferirían* esperar un poco.
2. Ellos *preferiríais / preferirían* tomar una decisión ya.
3. Tú no *estaría / estarías* completamente de acuerdo.
4. Usted no *aceptaría / aceptarían* seguramente esa responsabilidad.
5. Vosotros no os *conformaríamos / conformaríais* con el resultado.
6. Yo no *tendría / tendrías* ninguna objeción que hacer.
7. Ustedes *pondría / pondrían* muchas trabas.
8. Ellas no *saldrían / saldríamos* ganando.

**88.** Conjugar en condicional los verbos entre paréntesis.

Ejemplo: Dijeron que (llegar) **llegarían** lo antes posible.

1. Dijiste que no (poder) _____ llegar a tiempo.
2. Dijimos que no (quedarse) _____ hasta el final.

3. Dijo que (irse) _____ cinco minutos antes.

4. Dijisteis que (tener) _____ tiempo de sobra.

5. Dije que (llegar) _____ en punto.

6. Dijeron que no (ser) _____ puntuales.

7. Dijo que (darse) _____ prisa.

8. Dijiste que (apurarse) _____

**89. Contestar a las preguntas según el modelo.**

Ejemplo: ¿Qué te apetecería hacer? / Irse lejos de aquí → **Me apetecería irme lejos de aquí.**

1. ¿Qué cambiarías en tu trabajo? / Los horarios
→ _____

2. ¿Qué propondríais como horarios? / Trabajar de mañana solamente
→ _____

3. ¿En qué campo os gustaría trabajar? / En la comunicación
→ _____

4. ¿Qué ganarían ustedes con este cambio de horario? / Tiempo libre
→ _____

5. ¿Qué haríais durante el tiempo libre? / Deporte
→ _____

6. ¿Qué tipo de deporte practicarías? / El ciclismo y la natación
→ _____

7. ¿Qué perderíamos a cambio? / Probablemente dinero
→ _____

8. ¿Estarían ustedes dispuestos a hacerlo? / Con alguna reserva
→ _____

**90. Formar frases según el modelo.**

Ejemplo: (yo) tener mucha prisa / acercarte a casa
→ **Tengo mucha prisa, si no te acercaría a casa.**

1. (tú) tener un seguro a todo riesgo / tener que pagar
→ _____

2. (nosotros) hacer las reservas con antelación / pagar mucho más
→ _____

3. (ellos) tener acuerdos con alguna cadena hotelera / no conseguir semejantes precios
→ _____

4. (vosotros) no dedicar suficiente tiempo a la expresión oral / hablar mejor
→ _____

5. (usted) ni escuchar ni leer las noticias / estar enterado
→ _____

6. (yo) preferir no enterarse / preocuparse inútilmente
→ _____

7. (ella) vivir en un mundo virtual / no decir esas cosas tan extrañas
→ _____

8. (tú) tener suerte de trabajar por tu cuenta / ya no estar en la empresa
→ _____

**91.** Tachar la respuesta incorrecta.

Ejemplo: Me *encantaría / ~~encantarían~~* vivir aquí.

1. Nos *quedaríamos / quedaríais* para siempre.
2. Yo me *compraría / comprarías* una casita en la playa.
3. Los amigos *vendría / vendrían* a visitarnos.
4. Vosotros *podríamos / podríais* hacer cenas en la terraza.
5. Tú *harías / haría* barbacoas en el jardín.
6. Ustedes se *bañaríamos / bañarían* todos los días en el mar.
7. Ella *viviría / vivirías* todo el tiempo al aire libre.
8. En fin, *serían / sería* genial.

**92.** Conjugar en condicional los verbos entre paréntesis.

Ejemplo: Yo que tú, no (hacer) **haría** eso.

1. ¿Qué (hacer) _____ tú en mi lugar?
2. Yo, en tu lugar, (pedir) _____ consejo a un abogado.
3. ¿Qué le (decir) _____ vosotros?
4. Nosotros le (contar) _____ el problema.
5. ¿(Conocer) _____ ustedes a algún abogado, por casualidad?
6. Ellos (poder) _____ aconsejarte a uno de confianza.
7. ¿(Tener) _____ tú su número de teléfono o su dirección?
8. Yo que tú (buscar) _____ en las páginas amarillas.

**93.** Tachar la respuesta incorrecta.

Ejemplo: ¿Qué *sería / ~~serías~~* de Ignacio?

1. ¿Quién *llamarías / llamaría* a esta hora?
2. Supongo que *habría / habrían* muchos rumores.
3. ¿Y tú, dónde *anotarías / anotaría* el número del móvil?

4. ¿Yo? Lo *pondría / pondrías* en el mismo sitio de siempre.

5. ¿De dónde *sacaríamos / sacaríais* vosotros esa idea?

6. ¿Quiénes *haría / harían* pública esa información?

7. ¿Qué les *pasaría / pasarían*?

8. ¿Cuántos *vendría / vendrían* en el coche.

**94.** Transformar según el modelo.

Ejemplo: Debían de ser las seis de la mañana cuando oímos las sirenas.
→ ***Serían las seis de la mañana cuando oímos las sirenas.***

1. La alarma no debió de funcionar.
→ _____

2. Supongo que vosotros debíais de estar durmiendo.
→ _____

3. Tú debías de tener mucho sueño porque no te enteraste.
→ _____

4. Debía de haber tres o cuatro coches de bomberos y de policía.
→ _____

5. Nosotros debíamos de estar saliendo de casa.
→ _____

6. Usted debía de acabar de acostarse.
→ _____

7. Los bomberos debieron de llegar rápidamente.
→ _____

8. La policía debió de desconectar la alarma.
→ _____

**95.** Conjugar en condicional los verbos entre paréntesis.

Ejemplo: ¿Le (importar) ***importaría*** cerrar la puerta, por favor?

1. ¿(Ser) _____ ustedes tan amables de decirme sus nombres, por favor?

2. ¿Nos (hacer) _____ el favor, niños, de hablar más bajo?

3. ¿(Tener) _____ usted la amabilidad de darme su dirección, por favor?

4. ¿Te (molestar) _____ echarme esta carta al correo, por favor?

5. ¿(Poder) _____ usted indicarme por dónde se va a la estación, por favor?

6. ¿Te (importar) _____ contestar al teléfono, por favor?

7. ¿Me (hacer) _____ ustedes el favor de llamar a un taxi?

8. ¿(Ser) _____ tan amables, amigos míos, de echarme una mano?

**96.** Contestar a las preguntas según el modelo.

Ejemplo: ¿Cómo se puede intervenir en un conflicto entre dos amigos? / Con cierta distancia → *Yo intervendría con cierta distancia.*

1. ¿Cómo se puede contestar a un insulto? / Con ironía
→ _____

2. ¿Cómo se puede replicar a una agresividad semejante? / Con tranquilidad
→ _____

3. ¿Cómo se puede responder a una broma pesada? / Con humor
→ _____

4. ¿Cómo se puede actuar ante un accidente grave? / Con sangre fría
→ _____

5. ¿Cómo se puede obrar ante un robo? / Con serenidad
→ _____

6. ¿Cómo se puede reaccionar ante una injusticia? / Con justicia
→ _____

7. ¿Cómo se puede hablar de algo que molesta? / Con franqueza
→ _____

8. ¿Cómo se puede hacer una crítica en público? / Con diplomacia
→ _____

**97.** Conjugar en condicional los verbos entre paréntesis.

Ejemplo: Hablas demasiado. (Deber) **Deberías** ser más discreto.

1. Guardáis toda la información. (Deber) _____ comunicar más.
2. Hay mucho trabajo. (Ser) _____ necesario contratar a una persona más.
3. No nos reunimos lo suficiente. (Tener) _____ que vernos más.
4. En la última reunión no se ha avanzado. (Haber) _____ que organizar otra.
5. Dos personas acaban de entrar en la empresa. (Poder) _____ participar.
6. Las reglas ya no sirven. (Hacer) _____ falta cambiarlas.
7. Tenéis que ser más rápidos y más concisos. (Conseguir) _____ más contratos.
8. Hay que proponer un cambio a un par de personas. (Estar) _____ mejor en otros puestos.

**98.** Transformar según el modelo.

Ejemplo: El catarro no era contagioso. / La mitad de la clase está enferma.
→ Pues *no sería contagioso, pero la mitad de la clase está enferma.*

1. La película fue estupenda. / La mitad de la sala se salió.
→ Pues _____

2. Los actores eran jóvenes y guapos. / Hace años.
→ Pues _____

3. Yo estaba muy relajada. / No paraste de hablar, de gesticular, de gritar...
→ Pues _____

4. Alberto encajó muy bien la separación. / No para de hablar de ella.
→ Pues _____

5. Quedaron como amigos. / Se ponen verdes.
→ Pues _____

6. Formaban una pareja ideal. / No paraban de discutir.
→ Pues _____

7. Él llamaba la atención por su inteligencia. / Lo disimulaba muy bien.
→ Pues _____

8. Ella estaba muy enamorada de él. / Se fue con otro.
→ Pues _____

**99.** Formular la pregunta.

Ejemplo: Tengo pensado dejar este trabajo. → *¿Cuándo lo dejarías?*

1. Tiene pensado presentar su dimisión. → _____
2. Tenemos pensado cambiar a las chicas de colegio. → _____
3. Tienen pensado hacer cambios en la organización. → _____
4. Tengo pensado pedir un año sabático. → _____
5. Tenemos pensado comprarnos libros electrónicos. → _____
6. Tienen pensado abrir una tienda de antigüedades. → _____
7. Tengo pensado mandarte todo el material. → _____
8. Tiene pensado sacar dos novedades. → _____

**100.** Contestar a las preguntas según el modelo.

Ejemplo: ¿Te irás de fin de semana? / No tener dinero
→ *Me iría de buena gana pero no tengo dinero.*

1. ¿Haréis paracaidismo este año? / No tener tiempo
→ _____

2. ¿Practicarás submarinismo este año? / No poder
→ _____

3. ¿Jugarán al tenis el fin de semana? / No haber cancha libre
→ _____

4. ¿Irán ustedes al futbol el domingo? / Ser muy caro
→ _____

5. ¿Saldréis de acampada este verano? / No tener vacaciones
→ _____

6. ¿Esquiará usted en los Alpes otra vez? / Todo estar completo
→ _____

7. ¿Asistirán ustedes a la final? / No haber entradas
→ _____

8. ¿Volverás a jugar al golf este año? / Ir a ser un poco difícil
→ _____

### REPASO

**101.** Conjugar en condicional los verbos entre paréntesis.

Tú (deber) **deberías** hacer eso, vosotros (tener) _____ que hacer lo otro, ellos (conseguir) _____ más haciendo aquello, él no (lograr) _____ nada haciendo lo de más allá, etc. Se pasa la vida dando consejos a los otros. ¿Quién le (decir) _____ que puede darlos? ¿Quiénes le (hacer) _____ creer que él es un ejemplo?

Pero también sabe conjugar la primera persona del singular. Da su opinión sobre todo: pues yo (prohibir) _____ esto, yo (autorizar) _____ aquello, yo lo (meter) _____ aquí, yo lo (retirar) _____ de allí, etc. ¿De dónde (sacar) _____ que su opinión es de algún valor? ¿Quiénes le (mentir) _____ haciéndole creer que lo que dice es interesante? ¿(Ser) _____ su familia, sus amigos o ambos?

Luego están los motes. Esa manía pueril de ponerle motes a todos y a todo. Se (decir) _____ que todavía está en el patio del colegio. Escuchándolo (poder / nosotros) _____ pensar que en lugar de 50 años, tiene 6.

Por si fuera poco todo esto, es profundamente indiscreto. Se (poder) _____ decir sin exagerar que es un enfermo de la indiscreción. Esto naturalmente tiene que ver con el hecho de no poder callarse. (Creerse / nosotros) _____ a veces delante de una radio encendida día y noche.

El problema radica naturalmente en su nivel intelectual. Yo no (saber) _____ darle una nota, pero en todo caso se (situar) _____ por debajo de cero.

Al fin y al cabo, todo esto (ser) _____ soportable e incluso brillante, porque es gracioso, con algunas dosis de talento. Ese talento que nos (permitir) _____ ver los matices, la ironía, el juego de palabras, etc. Pero entonces no (estar / nosotros) _____ delante de la misma persona.

En fin, también tiene virtudes. Es divertido. Te ríes mucho con él… o quizás de él.

# Capítulo 6
# LAS PERIFRASIS

## A. *Soler*

**102.** Transformar según el modelo.

Ejemplo: Casi siempre cojo las vacaciones en agosto.
→ *Suelo coger las vacaciones en agosto.*

1. Antes, casi siempre alquilábamos un apartamento en la playa.
→

2. Generalmente, pasaban allí la mayor parte del verano.
→

3. Tenía la costumbre de bañarme muy temprano por la mañana.
→

4. Normalmente no volvíais a la playa durante el resto del día.
→

5. Ahora, sin embargo, vamos normalmente a la montaña.
→

6. Hacen senderismo entre cuatro y cinco horas casi todos los días.
→

7. Generalmente, recibe a varios amigos durante el verano.
→

8. Tenéis la costumbre de ir siempre al mismo pueblo.
→

**103.** Contestar a la pregunta.

Ejemplo: ¿Qué haces durante el fin de semana? / Excursiones por los alrededores.
→ *Durante el fin de semana suelo hacer excursiones por los alrededores.*

1. ¿Cómo ibas al colegio cuando eras pequeño? / En bicicleta.
→

2. ¿Cómo vas a la universidad? / En autobús o en metro.
→

3. ¿Qué deporte practica usted? / El ciclismo.
→

4. ¿Qué toman ustedes por la mañana? / Café.
→

5. ¿Quién os atendía? / Pedro.
→

6. ¿Con qué compañía viajabas? / Iberia.
→

7. ¿En qué clase hacía usted la reserva? / Turista.
→ _____

8. ¿Quién te llevaba a casa? / Mi padre.
→ _____

**104.** Completar las frases según el modelo.

Ejemplo: Ahora ya apenas salgo por la noche, pero antes **solía salir más.**

1. Ahora ya no comemos carne, pero antes _____
2. Ahora ya no ponen anuncios, pero antes _____
3. Ahora se va poco al cine, pero antes _____
4. Ahora ya no dais cenas en casa, pero antes _____
5. Ahora ya no hacemos vida social, pero antes _____
6. Ahora apenas se relacionan, pero antes _____
7. Ahora ya no me lo cruzo por la calle, pero antes _____
8. Ahora apenas hay correo, pero antes _____

## B. *Volver a*

**105.** Transformar según el modelo..

Ejemplo: Este año he hecho de nuevo el Camino de Santiago.
→ **Este año he vuelto a hacer el Camino de Santiago.**

1. Este año iremos otra vez a Cuzco y a Machu Picchu.
→ _____
2. El mes pasado estuvieron de nuevo en el desierto de Atacama.
→ _____
3. Esta semana tiene que viajar otra vez a la Riviera Maya.
→ _____
4. Mañana mismo haría otra vez el viaje a la Patagonia.
→ _____
5. Este año hemos veraneado de nuevo en la Costa del Sol.
→ _____
6. Este verano pasaré otra vez 15 días en la isla Margarita.
→ _____
7. Este año visitarán de nuevo el lago Titicaca pero por el lado boliviano.
→ _____
8. Hoy mismo cogería otra vez el avión para ir al Amazonas.
→ _____

**106.** Completar la frase según el modelo.

Ejemplo: Fuimos una vez a Roma, pero **no hemos vuelto a ir.**

1. Estuve una vez en su casa, pero _____
2. Coincidimos una vez, pero _____
3. Hablasteis del tema una vez, pero _____

4. Me invitó una vez a una fiesta de fin de año, pero _____
5. Cambiaste de trabajo una vez, pero _____
6. Llamaron una vez, pero _____
7. Jugué una vez al hockey, pero _____
8. Preguntaron una vez por su salud, pero _____

**107.** Contestar a las preguntas.

Ejemplo: ¿Tocaréis el tema? → ***No, no volveremos a tocar el tema.***

1. ¿Hablarás otra vez del asunto? → _____
2. ¿Abordará usted otra vez el problema? → _____
3. ¿Le darán ustedes otra oportunidad? → _____
4. ¿Pondrán ustedes trabas otra vez? → _____
5. ¿Saldrá en la prensa otra vez? → _____
6. ¿Emitirán el programa otra vez? → _____
7. ¿Escribirás otra vez artículos en los periódicos? → _____
8. ¿Colaboraréis otra vez? → _____

## C. *Dejar de*

**108.** Transformar según el modelo.

Ejemplo: Ya no fumo. → ***He dejado de fumar.***

1. Ya no nos vemos tanto. → _____
2. Ya no hago deportes de riesgo. → _____
3. Ya no le importa lo que digan. → _____
4. Ya no conducen por seguridad. → _____
5. ¿Ya no os habláis? → _____
6. ¿Ya no utilizas las redes sociales? → _____
7. Ya no colecciono sellos. → _____
8. Ya no vamos a las exposiciones por las colas. → _____

**109.** Conjugar el verbo entre paréntesis según el modelo.

Ejemplo: La compañía de teatro (actuar) ***dejó de actuar*** el año pasado.

1. Nosotros (ir) _____ a ver sus obras porque eran repetitivas.
2. Sus obras (interesar) _____ al público.
3. El actor principal (hacer) _____ teatro y se dedica al cine.
4. A mí, (gustarme) _____ hace mucho tiempo.
5. De repente, los medios de comunicación (hablar) _____ de ese escritor.
6. Vosotros (comprar) _____ sus libros sin motivo aparente.
7. Tú (leer) _____ sus novelas sin ninguna razón.
8. Nosotros nunca (admirar) _____ su obra.

**110. Contestar a las preguntas según el modelo.**

Ejemplo: ¿Siempre dirigiste teatro? → *Sí, nunca he dejado de dirigir teatro.*

1. ¿Siempre escribisteis cuentos? → _____
2. ¿Siempre pintó usted retratos? → _____
3. ¿Siempre dibujaron comics? → _____
4. ¿Siempre diseñaste vestuarios? → _____
5. ¿Siempre editaron poesía? → _____
6. ¿Siempre compuso música? → _____
7. ¿Siempre produjo usted películas? → _____
8. ¿Siempre esculpieron ustedes en piedra? → _____

## D. *Ponerse a*

**111. Conjugar el verbo entre paréntesis según el modelo.**

Ejemplo: Cuando nos enteramos de las fechas, (estudiar) ***nos pusimos a estudiar*** como locos.

1. Cuando oí mi nombre, (llorar) _____ de emoción.
2. En cuanto se tumbó, (roncar) _____.
3. En cuanto os juntáis, (criticar) _____ a todo el mundo.
4. En cuanto se dieron la espalda, (hablar) _____ mal el uno del otro.
5. Cuando estás aburrido, (llamar) _____ a todo el mundo.
6. Cuando conseguimos el hotel, (buscar) _____ los vuelos.
7. Cuando vio su nombre en las listas, (dar) _____ saltos de alegría.
8. En cuanto llegué a casa, (ordenarlo) _____ todo.

**112. Unir las frases según el modelo.**

Ejemplo: Estaba haciendo buen tiempo. / Empezó a llover.
→ *Estaba haciendo buen tiempo y, de repente, se puso a llover.*

1. Estaba tranquilo. / Empezó a gritar como un loco.
→ _____
2. Estabas callado. / Empezaste a hablar por los codos.
→ _____
3. Estabais bien. / Empezasteis a protestar por todo.
→ _____
4. Estaban inmóviles. / Empezaron a bailar frenéticamente.
→ _____
5. Estábamos hablando. / Empezamos a discutir por tonterías.
→ _____
6. Estaba pagando en la caja. / Empezó a contarle su vida a la cajera.
→ _____
7. Estaban dando un paseo. / Empezaron a correr.
→ _____
8. Estaban entusiasmados con la casa. / Empezaron a sacarle defectos.
→ _____

## E. *Llevar* + gerundio

**113.** Transformar según el modelo.

Ejemplo: Estoy esperándote desde hace una hora. → ***Llevo esperándote una hora.***

1. Salen juntos desde hace dos años.
→ ___
2. Comparte piso desde hace algunos meses.
→ ___
3. Asisto a esta clase desde hace dos meses.
→ ___
4. Nos vemos más a menudo desde hace años.
→ ___
5. Se entrenan en el mismo gimnasio desde siempre.
→ ___
6. Participáis en ese torneo desde el principio.
→ ___
7. Juego en el mismo equipo desde pequeño.
→ ___
8. Compites conmigo desde la primavera pasada.
→ ___

**114.** Transformar según el modelo.

Ejemplo: ¿Cuánto tiempo hace que patinas? / Toda la vida.
→ ***Llevo patinando toda la vida.***

1. ¿Cuánto tiempo hace que practicáis el rugby? / Desde niños.
→ ___
2. ¿Cuánto tiempo hace que se dedica usted a la escalada? / Desde los 15 años.
→ ___
3. ¿Cuánto tiempo hace que jugáis al balonmano? / Desde el colegio.
→ ___
4. ¿Cuánto tiempo hace que montan ustedes a caballo? / Desde los 10 años.
→ ___
5. ¿Cuánto tiempo hace que corremos con motos? / Desde que nos conocemos.
→ ___
6. ¿Cuánto tiempo hace que compites en la Formula 1? / Desde los 18 años.
→ ___
7. ¿Cuánto tiempo hace que entrena usted el equipo? / Desde el año pasado.
→ ___
8. ¿Cuánto tiempo hace que bailan ballet clásico? / Desde los 6 años.
→ ___

**115.** Completar la frase según el modelo.

Ejemplo: Me gusta hacerme la ropa ***y llevo años haciéndomela.***

1. A Ana le encanta calcetar jerséis ___

2. Nos gusta hacer ganchillo
3. Te gusta bordar manteles
4. Os encanta tejer bufandas
5. Les gusta diseñar zapatos
6. Me encanta coser vestidos
7. Nos gusta cortar los pantalones
8. Te encanta confeccionar ropa

## F. *Llevar sin* + infinitivo

**116.** Transformar según el modelo.

Ejemplos: No voy de viaje desde hace muchísimo tiempo.
→ *Llevo sin ir de viaje muchísimo tiempo.*

1. No salimos de gira desde hace la tira de tiempo.
→

2. No vienes a los ensayos desde hace un montón de tiempo.
→

3. No ensayáis con el grupo desde hace un mogollón de tiempo.
→

4. No actuamos fuera de la ciudad desde hace una eternidad.
→

5. No les llaman para actuar desde hace una pasada de tiempo.
→

6. No saca disco nuevo desde hace cantidad de tiempo.
→

7. No cantáis en público desde hace muchísimo tiempo.
→

8. No das entrevistas a la prensa desde hace siglos.
→

**117.** Unir las dos frases según el modelo.

Ejemplo: Está a régimen. / No come dulces desde hace semanas.
→ *Como está a régimen, lleva semanas sin comer dulces.*

1. Están en el paro. / No trabajan desde hace un año.
→

2. Estoy de noche. / No duermo bien desde hace una semana.
→

3. Estamos de obras en casa. / No la limpiamos desde hace unos días.
→

4. Está a favor de la comida vegetariana. / No come carne desde hace años.
→

5. Estás en contra de las sodas. / No bebes sodas desde hace mucho tiempo.
→ _____

6. Están hartos el uno del otro. / No se ven desde hace algunos meses.
→ _____

7. Estamos de paso casi siempre. / No coincidimos desde hace meses.
→ _____

8. Estáis a gusto. / No protestáis desde hace algún tiempo.
→ _____

**118. Transformar según el modelo.**

Ejemplo: Llevo mucho tiempo oyendo hablar de él.
→ ***Llevo mucho tiempo sin oír hablar de él.***

1. Lleváis mucho tiempo criticándolo.
→ _____

2. Llevan mucho tiempo poniéndola verde.
→ _____

3. Llevas mucho tiempo hablando mal de ella.
→ _____

4. Llevamos mucho tiempo metiéndonos con él.
→ _____

5. Llevabais mucho tiempo quitándole la piel.
→ _____

6. Llevaba mucho tiempo haciendo comentarios de ellos.
→ _____

7. Llevábamos mucho tiempo despellejándolos.
→ _____

8. Llevabas mucho tiempo desacreditándolo.
→ _____

## G. *Estar a punto de* + infinitivo

**119. Transformar según el modelo.**

Ejemplo: Estaba tan harto que casi me voy.
→ ***Estaba tan harto que estuve a punto de irme.***

1. Estábamos tan cansados que casi nos dormimos.
→ _____

2. Iba tan ensimismado que casi tiene un accidente.
→ _____

3. Estabas tan nervioso que casi descubres el secreto.
→ _____

4. Estabais tan retrasados que casi os perdéis la presentación.
→ _____

5. Tenía tanta prisa que casi me olvido de la maleta.
→ _____

6. Comían tan deprisa que casi se atragantan.
→ _____

7. Tenía tanto miedo que casi sale corriendo.
→ _____

8. Soy tan despistado que casi me meto en otro coche.
→ _____

## REPASO

**120.** Transformar las palabras subrayadas con las perífrasis: *dejar de / estar a punto de / llevar + gerundio / llevar sin / ponerse a / soler / volver a* (2).

No tengo costumbre de hablar **No suelo hablar en público.** Me pongo muy nervioso porque no me gusta ser el centro de atención de un grupo de personas. Cuando me llamaron para presentarme, casi salgo _____ corriendo. A medida que me iba acercando al estrado, me decía a mí mismo: nunca más, no lo haré _____ nunca más. Pero también pensaba: espero este momento desde hace meses _____ y no duermo desde hace una semana _____, así que adelante. Y de repente todo cambió, ya no le presté _____ tanta atención al público y me concentré en mi discurso. Empecé _____ a hablar y todo transcurrió normalmente. La verdad es que no era para tanto. Tengo que hacerlo de nuevo _____

**121.** Transformar las palabras subrayadas con las perífrasis: *dejar de* (2) */ estar a punto de / llevar + gerundio / llevar sin / ponerse a / soler / volver a*.

Ya no tenemos **Hemos dejado de tener** mucha relación porque ya no vivimos _____ en la misma ciudad, pero nunca perdimos el contacto porque tenemos la costumbre de enviarnos _____ mails de vez en cuando. Hacía bastante tiempo que buscaba _____ trabajo y, cuando por fin lo encontró y empezó _____ a trabajar, tuvo que irse a Los Ángeles. La idea de marcharse no le atraía demasiado y casi renuncia _____. Le costó mucho, pero no le quedó más remedio porque aquí hacía un año y medio que no encontraba _____ nada. No nos vemos desde hace dos años más o menos pero, en su último mail, me dijo que vendría a Miami en primavera, así que nos juntaremos de nuevo _____ todos los amigos.

# Capítulo 7

# EL PRESENTE DE SUBJUNTIVO

**122.** Conjugar en subjuntivo.

Ejemplo: hablar (yo) → *hable*

1. acabar (yo) → _____
2. terminar (tú) → _____
3. finalizar (él) → _____
4. emplear (nosotros) → _____
5. utilizar (vosotros) → _____
6. usar (ellos) → _____
7. castigar (usted) → _____
8. multar (ustedes) → _____

**123.** Relacionar.

| | |
|---|---|
| 1. yo | a. temas |
| 2. tú | b. rompáis |
| 3. él | c. barramos |
| 4. nosotros | d. corra |
| 5. vosotros | e. resistan |
| 6. ellas | f. desista |
| 7. usted | g. repriman |
| 8. ustedes | h. comprima |

**124.** Conjugar en subjuntivo.

Ejemplo: hacer (yo) → *haga*

1. contar (yo) → _____
2. sentarse (tú) → _____
3. volver (él) → _____
4. pedir (nosotros) → _____
5. servir (vosotros) → _____
6. querer (ellos) → _____
7. preferir (usted) → _____
8. dormir (ustedes) → _____

**125. Dar el infinitivo.**

Ejemplo: tenga → *tener*

1. haga → _____
2. digas → _____
3. sepa → _____
4. traigamos → _____
5. vayáis → _____
6. oigan → _____
7. salga → _____
8. conozcas → _____

**126. Poner las frases en 2ª persona del plural.**

Ejemplo: Que empieces la lectura. → *...empecéis.*

1. Que enciendas las luces. → _____
2. Que devuelvas el libro. → _____
3. Que cuentes tu vida. → _____
4. Que comiences el relato. → _____
5. Que corrijas las faltas. → _____
6. Que repitas el último párrafo. → _____
7. Que no te rías del acento. → _____
8. Que te sientas cómodo. → _____

**127. Transformar según el modelo.**

Ejemplo: Llamarán tal vez mañana. → *Tal vez llamen mañana.*

1. Sabremos quizá algo mañana. → _____
2. Tendrás posiblemente novedades mañana. → _____
3. Os enteraréis tal vez del desenlace mañana. → _____
4. Iré quizás mañana a ver la película. → _____
5. Vendrá tal vez Pablo conmigo. → _____
6. Se encontrarán posiblemente en la puerta del cine. → _____
7. Estará quizá cerrado por vacaciones. → _____
8. Habrá posiblemente otro restaurante cerca. → _____

**128. Transformar según el modelo.**

Ejemplo: Probablemente cambiarán los horarios.
→ *Es probable que cambien los horarios.*

1. Probablemente conocerá otras costumbres. → _____
2. Probablemente tendréis hambre. → _____
3. Probablemente comerás antes. → _____
4. Probablemente estaremos cansados. → _____

5. Probablemente saldré antes. → _____
6. Probablemente vendrá en metro. → _____
7. Probablemente se equivocarán de calle. → _____
8. Probablemente me iré pronto. → _____

**129.** Poner en subjuntivo el verbo entre paréntesis.

Ejemplo: ¡Que (dormir/tú) **duermas** bien!

1. ¡Que (divertirse/vosotros) _____!
2. ¡Que lo (pasar/ustedes) _____ bien!
3. ¡Que (disfrutar/usted) _____!
4. ¡Que todo (ir) _____ bien!
5. ¡Que (mejorarse/tú) _____!
6. ¡Que (ser/vosotros) _____ felices!
7. ¡Que (volver/ustedes) _____ pronto!
8. ¡Que no (caerse/usted) _____!

**130.** Poner en subjuntivo el verbo entre paréntesis.

Ejemplo: ¡Ojalá me (tocar) **toque** la lotería!

1. ¡Ojalá (tener/yo) _____ suerte!
2. ¡Ojalá (encontrar/tú) _____ trabajo!
3. ¡Ojalá (aprobar/vosotros) _____ la oposición!
4. ¡Ojalá (caber/nosotros) _____ todos en el coche!
5. ¡Ojalá (irse/ellos) _____ pronto!
6. ¡Ojalá no (venir/él) _____!
7. ¡Ojalá (conseguir/nosotros) _____ entradas!
8. ¡Ojalá no (llover) _____!

**131.** Contestar a las preguntas según el modelo.

Ejemplo: ¿Vas a alquilar un coche? → **Quizás lo alquile.**

1. ¿Vais a reservar mesa en el restaurante? → Quizás _____
2. ¿Va usted a hacer una reclamación? → Quizás _____
3. ¿Vas a pedir descuento? → Quizás _____
4. ¿Van ustedes a utilizar la tarjeta de crédito? → Quizás _____
5. ¿Vamos a pagar en efectivo? → Quizás _____
6. ¿Vas a coger un taxi? → Quizás _____
7. ¿Vas a sacar al perro? → Quizás _____
8. ¿Van ustedes a buscar un nuevo apartamento? → Quizás _____

**132. Tachar la respuesta incorrecta.**

Ejemplo: Por favor no me lo ~~vuelvas~~ / *vuelva* usted a preguntar.

1. No te *vayas / vaya* sin decírmelo.
2. No os *molestemos / molestéis* en venir.
3. No *venga / vengan* ustedes con prisas.
4. No *alces / alce* usted la voz, por favor.
5. No os *compliquemos / compliquéis* la vida.
6. No te *esfuerces / esfuerce* demasiado.
7. No *sea / seas* usted tan pesado.
8. No se *apuréis / apuren*.

**133. Poner la frase en negativo.**

Ejemplo: Seguro que nos avisará. → ***No es seguro que nos avise.***

1. Seguro que irán solos.
   →
2. Creo que vendrán acompañados.
   →
3. Seguro que pasaréis el carné de conducir.
   →
4. Creo que suspenderemos el carné de conducir.
   →
5. Seguro que estará criticándonos.
   →
6. Creo que hablará de sus cosas.
   →
7. Seguro que tendremos una llamada perdida.
   →
8. Creo que nos encontraremos un mensaje.
   →

**134. Contestar a las preguntas según el modelo.**

Ejemplo: ¿Crees que se alegrará de vernos?
   → ***No, no creo que se alegre de vernos.***

1. ¿Crees que les interesará el tema del congreso?
   →
2. ¿Crees que le dará vergüenza hablar en público?
   →
3. ¿Crees que te fastidiarán las críticas?
   →
4. ¿Crees que me meto en donde no me llaman?
   →

5. ¿Crees que nos hacemos de rogar demasiado?
→ _____

6. ¿Crees que les importará lo que digo?
→ _____

7. ¿Crees que le molestará mi presencia?
→ _____

8. ¿Crees que será fácil?
→ _____

**135. Completar según el modelo.**

Ejemplo: Es verdad que Alma se ha portado mal, pero... ***no es verdad que se porte mal siempre.***

1. Es cierto que he criticado su actitud, pero _____
2. Está claro que todo ha salido mal, pero _____
3. Es obvio que tenéis razón, pero _____
4. Es verdad que no has hecho nada bien, pero _____
5. Es verdad que no han tenido suerte, pero _____
6. Está claro que has sido injusto, pero _____
7. Es obvio que hay problemas, pero _____
8. Es cierto que se han esforzado, pero _____

**136. Conjugar en subjuntivo el verbo entre paréntesis.**

Ejemplo: ¿Quiero que (estar/vosotros) ***estéis*** muy atentos.

1. No quiero que me (hacer/tú) _____ ningún favor.
2. Quiero que me (dejar/él) _____ en paz.
3. Quiero que me (pedir/ellos) _____ perdón.
4. No quiero que (tener/vosotros) _____ esos modales.
5. Quiero que (decidir) _____ por usted mismo.
6. No quiero que lo (tomar/ustedes) _____ a mal.
7. Quiero que (saber/tú) _____ decir no.
8. No quiero que (caber) _____ ninguna duda.

**137. Transformar según el modelo.**

Ejemplo: Quiero irme. / tú → ***Quiero que te vayas.***

1. No quiero responsabilizarme de eso. / vosotros → _____
2. Quiero intentarlo. / ustedes → _____
3. No quiero equivocarme. / usted → _____
4. Quiero divertirme. / tú → _____
5. Quiero pasármelo bien. / ella → _____

6. Quiero perderme por ahí. / ellos → _____

7. Quiero olvidarme de todo. / vosotros → _____

8. No quiero pensar en nada. / tú → _____

**138. Transformar según el modelo.**

Ejemplo: Quiero hacer mi vida. / tú → Quiero hacer mi vida *y que tú hagas la tuya.*

1. Quiero tomar mis decisiones. / usted
→ _____

2. Quiero ser responsable de mis actos. / vosotros
→ _____

3. Quiero exponer mis ideas. / tú
→ _____

4. Quiero asumir mis responsabilidades. / ellos
→ _____

5. Quiero estar orgulloso de mi trabajo. / él
→ _____

6. No quiero arrepentirme de mis comentarios. / ustedes
→ _____

7. No quiero desconfiar de mis compañeros. / vosotros
→ _____

8. No quiero recurrir a mis jefes. / tú
→ _____

**139. Poner el verbo de la subordinada en subjuntivo.**

Ejemplo: Buscamos a un chico que (sabe) *sepa* hablar inglés.

1. Buscamos un bufete de abogados que (están) _____ especializados en derecho internacional.
2. Buscamos a un abogado que (es) _____ especialista en derecho laboral.
3. Buscamos a un arquitecto que (tiene) _____ un cierto renombre.
4. Buscamos un estudio de arquitecto que (realiza) _____ proyectos innovadores.
5. Buscamos a un disc jockey que (pincha) _____ en esta discoteca.
6. Buscamos una sala de fiestas en la que (cabe) _____ mucha gente.
7. Buscamos a una modista que (trabaja) _____ para los famosos.
8. Buscamos un taller que (vende) _____ directamente al público.

**140. Transformar según el modelo.**

Ejemplo: Tenemos un coche que funciona con gasolina diesel.
→ *Queremos un coche que funcione con gasolina diesel.*

1. Tenemos una casa que dispone de vistas al mar.
→ _____

2. Tenemos unos transportes públicos que funcionan bien.
→ _____

3. Tenemos una universidad que concentra todas las facultades.
→ _____

4. Tenemos una ciudad que posee muchos espacios verdes.
→ _____

5. Tenemos un alcalde que se involucra en los asuntos de la ciudad.
→ _____

6. Tenemos un presidente que es joven y dinámico.
→ _____

7. Tenemos unos colegios que imparten enseñanza bilingüe.
→ _____

8. Tenemos unas instalaciones deportivas que pueden estar entre las mejores del país.
→ _____

**141.** Conjugar en subjuntivo el verbo entre paréntesis.

Ejemplo: Vuelve cuando (querer) ***quieras***.

1. Di lo que se te (ocurrir) _____
2. Sal con quien te (dar) _____ la gana.
3. Llámame cuando (llegar) _____
4. Avísame cuando (salir) _____
5. Coge lo que (haber) _____ disponible.
6. Dame lo que (tener) _____ a mano.
7. Haz lo que te (parecer) _____ mejor.
8. Pon lo que te (apetecer) _____

**142.** Completar según el modelo.

Ejemplo: Quien pueda permitírselo ***que se lo permita.***

1. Quien pueda pagárselo _____
2. Quien pueda comprárselo _____
3. Quien pueda arreglárselas solo _____
4. Quien pueda componérselas solo _____
5. Quien quiera pasárselo bien _____
6. Quien quiera dárselas de listo _____
7. Quien quiera tomárselo en serio _____
8. Quien quiera perdérselo _____

**143.** Poner el verbo entre paréntesis en indicativo o subjuntivo.

Ejemplos:  Conozco a un jardinero que (ser) **es** un especialista de la jardinería japonesa.
No conozco a ningún jardinero que (ser) **sea** especialista de la jardinería japonesa.

1. Es una ciudad que (recibir) _____ millones de turistas al año.
2. No es un país en el que se (disfrutar) _____ muchas horas de sol al año.
3. Las guías no hablan de ninguna región que no se (poder) _____ visitar.
4. Sé de un pequeño pueblo que (poseer) _____ un casco antiguo muy bien conservado.
5. Los folletos turísticos no dicen que todas las provincias (disponer) _____ de buenos accesos.
6. La publicidad dice que sus playas (ser) _____ grandes y de arena blanca.
7. También habla de que en sus montañas (practicarse) _____ los deportes de invierno.
8. No sé de ningún turista que no (volver) _____ a este país.

**REPASO**

**144.** Poner en subjuntivo los verbos entre paréntesis.

Ojalá (recuperarse/ella) **se recupere** pronto y espero que no (ser) _____ nada lo del tobillo. Pero si ha tenido ese accidente no es porque no (estar/él) _____ bien y abundantemente señalizado. Si te fijas bien, hay letreros por todos partes: (tener/usted) _____ cuidado, no (caerse/tú) _____, no (resbalar/ustedes) _____, no (correr/vosotros) _____, etc. ¿Qué quiere que (poner/ellos) _____ más? ¿Qué lo (traducir/ellos) _____ al arameo? La culpa es suya por no haberse fijado y por ir demasiado de prisa. Así que esa historia de la indemnización es un puro delirio. Espero que no (ocurrírsele/ella) _____ hacer nada porque francamente yo no creo que le (dar/ellos) _____ la razón, no creo que (poder/ella) _____ obtener lo más mínimo. Además espera que (enterarse/ellos) _____ de que se iba de la oficina una hora antes. Así pues, que (tranquilizarse/ella) _____ y que (hacerse/ella) _____ lo más discreta posible. De lo contrario puede acabar de patitas en la calle. Mañana tal vez (ir/yo) _____ a hacerle una visita y pienso decirle todo esto. Es posible que le (parecer/ella) _____ mal y que al final (enfadarse/nosotros) _____, pero me da igual. Una cosa es que (estar/ella) _____ deprimida e histérica porque no puede ir a bailar este fin de semana, y otra muy distinta es que (perder/ella) _____ la cabeza, -en el caso hipotético de que alguna vez la (haber) _____ tenido-. Que yo (saber) _____ solo ha sido un esguince. Tampoco es para tanto.

# Capítulo 8

# EL IMPERATIVO NEGATIVO

## A. Verbos regulares

**145.** Poner el infinitivo en imperativo negativo con las formas *tú* y *vosotros*.

Ejemplos: No callarse ante la violencia. → ***No te calles/os calléis...***
No leer el correo ajeno. → ***No leas/leáis...***
No permitir presiones. → ***No permitas/permitáis.***

1. No dar el brazo a torcer.
   → _____ / _____
2. No andarse con rodeos.
   → _____ / _____
3. No echarse atrás.
   → _____ / _____
4. No ceder ni un ápice.
   → _____ / _____
5. No recibir órdenes de nadie.
   → _____ / _____
6. No resistirse que es peor.
   → _____ / _____
7. No meterse en líos.
   → _____ / _____
8. No venderse al mejor postor.
   → _____ / _____

**146.** Poner el infinitivo en imperativo negativo con las formas *usted* y *ustedes*.

Ejemplos: No conformarse. → ***¡No se conforme/se conformen!***
No correr. → ***¡No corra/corran!***
No insistir. → ***¡No insista/insistan!***

1. No confiarse. → _____ / _____
2. No ceder. → _____ / _____
3. No desistir. → _____ / _____
4. No asomarse. → _____ / _____
5. No resistirse. → _____ / _____

6. No pasar. → _____ / _____
7. No entrar. → _____ / _____
8. No confundirse. → _____ / _____

**147.** Poner el ejercicio anterior en imperativo negativo con la forma *nosotros*.

Ejemplos: No conformarse. → *¡No nos conformemos!*
No correr. → *¡No corramos!*
No insistir. → *¡No insistamos!*

1. → _____
2. → _____
3. → _____
4. → _____
5. → _____
6. → _____
7. → _____
8. → _____

**148.** Relacionar.

1. ¡No cambiemos de opinión!
2. ¡No toleren esta injusticia!
3. ¡No aceptes amenazas!
4. ¡No recibáis a más gente!
5. ¡No añada nada más!
6. ¡No escribas una línea más!
7. ¡No corráis por aquí!
8. ¡No insistan, por favor!

a. tú
b. usted
c. nosotros
d. vosotros
e. ustedes

**149.** Poner en imperativo negativo según el modelo.

Ejemplo: ¡Olvida ese asunto, no es importante!
→ *¡No olvides ese asunto, es importante!*

1. ¡Compra los vaqueros, es una ganga!
→ _____

2. ¡Esconded el regalo, es una sorpresa!
→ _____

3. ¡Señala los errores, es fundamental!
→ _____

4. ¡Inscribe a una amiga, es gratis!
→ _____

5. ¡Cortad las relaciones, es lo mejor!
→ _____

6. ¡Lava las alfombrillas del coche, están sucias!
→ _____

7. ¡Escribid una solicitud, es necesario!
→ _____

8. ¡Regalad la ropa vieja, no está usada!
→ _____

**150.** Sustituir los nombres del ejercicio anterior por pronombres.

Ejemplo: ¡Olvídalo, no es importante! → *¡No lo olvides, es importante!*

1. ¡Cómpralos, es una ganga!
→ _____

2. ¡Escóndedlo, es una sorpresa!
→ _____

3. ¡Señálalos, es fundamental!
→ _____

4. ¡Inscríbele, es gratis!
→ _____

5. ¡Cortadlas, es lo mejor!
→ _____

6. ¡Lávalas, están sucias!
→ _____

7. ¡Escribidla, es necesario!
→ _____

8. ¡Regaladla, no está usada!
→ _____

**151.** Contestar a las preguntas según el modelo.

Ejemplo: ¿Cambio de sitio el mueble? → *¡No, no lo cambies!*

1. ¿Abrimos las ventanas? → _____

2. ¿Sacudo la alfombra? → _____

3. ¿Limpio los cristales? → _____

4. ¿Barremos los trasteros? → _____

5. ¿Cortamos el césped? → _____

6. ¿Pinto la cocina? → _____

7. ¿Recibo a esos dos chicos? → _____

8. ¿Presentamos a esas dos chicas? → _____

**152.** Completar las frases según el modelo.

Ejemplo: ¡Avisa a Juan... **no, mejor no le avises!**

1. ¡Cambiemos la correa _____
2. ¡Lleve a la gata al veterinario _____
3. ¡Ata a los perros _____
4. ¡Llamad al perro _____
5. ¡Vacunen al animal _____
6. ¡Comprad croquetas para los animales _____
7. ¡Limpia la jaula del canario _____
8. ¡Cambiad la arena de los gatos _____

**153.** Completa la frase según el modelo.

Ejemplo: ¡Si aún no me han mandado al mensajero... **ya no me lo manden!**

1. ¡Si aún no nos habéis comprado la maleta _____
2. ¡Si aún no les has escrito el mensaje _____
3. ¡Si aún no me han cambiado ustedes los horarios _____
4. ¡Si aún no le ha anulado usted los billetes _____
5. ¡Si aún no me has reservado los hoteles _____
6. ¡Si aún no les habéis contratado los traslados _____
7. ¡Si aún no les han confirmado ustedes los vuelos _____
8. ¡Si aún no nos ha mandado usted la documentación _____

## B. Verbos irregulares

**154.** Poner el infinitivo en imperativo negativo con las formas *tú* y *vosotros*.

Ejemplos: No negarlo. → **No lo niegues/lo neguéis.**
No vestirse muy formal. → **No te vistas/os vistáis...**

1. No empezar sin mí.
→ _____ / _____
2. No contar conmigo.
→ _____ / _____
3. No seguir por ese camino.
→ _____ / _____
4. No pedir favores.
→ _____ / _____
5. No dormirse en los laureles.
→ _____ / _____

6. No querer hacer todo.
→ _____ / _____

7. No servirse de los amigos.
→ _____ / _____

8. No jugar con los sentimientos.
→ _____ / _____

**155.** Poner el infinitivo en imperativo negativo con las formas *usted* y *ustedes*.
Ejemplo: No salirse del camino señalado. → **No salga/salgan...**

1. No hacerse el listo.
→ _____ / _____

2. No decir más que lo necesario.
→ _____ / _____

3. No ponerse así.
→ _____ / _____

4. No distribuir aún los folletos.
→ _____ / _____

5. No introducir todavía su número secreto.
→ _____ / _____

6. No ir tan de prisa.
→ _____ / _____

7. No ponerse de pie.
→ _____ / _____

8. No venir de mala gana.
→ _____ / _____

**156.** Relacionar.

1. ¡No lo hagamos de prisa y corriendo!
2. ¡No tengáis miedo!
3. ¡No vuelvan a hacerlo!
4. ¡No vengas con tonterías!
5. ¡No lo ponga al revés!
6. ¡No conduzcas tan bruscamente!
7. ¡No huyáis de la realidad!
8. ¡No queramos abarcar tanto!

a. tú
b. usted
c. nosotros
d. vosotros
e. ustedes

**157.** Tachar la respuesta incorrecta.
Ejemplo: ¡No se ~~equivoques~~ / *equivoque* de camino!

1. ¡No os *mováis* / *muevan* de aquí!
2. ¡No se *vayas* / *vaya* a ningún lado!

3. ¡No nos *salgamos / salgan* del camino.

4. ¡No te *pierdas / pierda* por ahí!

5. ¡No se *sentéis / sienten* en el suelo!

6. ¡No os *vuelvan / volváis* atrás!

7. ¡No nos *caigamos / caigan*!

8. ¡No te *hagas / haga* daño!

**158.** Poner la frase en imperativo negativo.

Ejemplo: ¡Oye algo de lo que dicen! → *¡No oigas nada de lo que dicen!*

1. ¡Contribuid con algo! → _____

2. ¡Cuéntanos algo! → _____

3. ¡Ponme algo de beber! → _____

4. ¡Buscad algo para picar! → _____

5. ¡Saca algo de la nevera! → _____

6. ¡Traducidnos algo de lo que dice! → _____

7. ¡Invertid algo en bolsa! → _____

8. ¡Haz algo por Ramón! → _____

**159.** Transformar según el modelo.

Ejemplo: No puedes irte. → *¡No te vayas!*

1. No podéis rectificar. → _____

2. No podemos conducir. → _____

3. No pueden tocar. → _____

4. No puedes huir. → _____

5. No puede regar. → _____

6. No podéis pescar. → _____

7. No pueden cazar. → _____

8. No puedes jugar. → _____

**160.** Contestar a las preguntas según el modelo.

Ejemplo: ¿Servimos el aperitivo? → *¡No, no lo sirváis/sirvan todavía!*

1. ¿Ponemos la cubertería? → _____ / _____

2. ¿Recogemos la mesa? → _____ / _____

3. ¿Colocamos a la gente? → _____ / _____

4. ¿Distribuimos el menú? → _____ / _____

5. ¿Sacamos la vajilla? → _____ / _____
6. ¿Nos vestimos? → _____ / _____
7. ¿Cocemos el marisco? → _____ / _____
8. ¿Nos probamos el uniforme? → _____ / _____

**161. Completar según el modelo.**

Ejemplo: ¡Deshaz el nudo… *no, mejor no lo deshagas!*

1. ¡Cargad la batería _____
2. ¡Pospón la fecha _____
3. ¡Di la solución _____
4. ¡Recoged los juguetes _____
5. ¡Plastifica las tapas del libro _____
6. ¡Distrae a los invitados _____
7. ¡Verificad el horario _____
8. ¡Reconstruid la pared _____

**162. Transformar según el modelo.**

Ejemplo: Ir solo es peligroso. / tú → *Nunca vayas solo, es peligroso.*

1. Pagar por adelantado no es aconsejable. / vosotros
→ _____
2. Salir a pasear por la noche no es prudente. / ustedes
→ _____
3. Mostrar el dinero en público es imprudente. / tú
→ _____
4. Sacar fotos sin permiso está prohibido. / usted
→ _____
5. Ingerir alimentos no cocinados es desaconsejable. / vosotros
→ _____
6. Hacer compras sin regatear es absurdo. / tú
→ _____
7. Elegir un hotel barato no es una buena idea. / ustedes
→ _____
8. Conducir es una locura. / usted
→ _____

**163. Completar según el modelo.**

Ejemplo: ¡Si aún no le has ofrecido tu ayuda… *ya no se la ofrezcas!*

1. ¡Si aún no le habéis propuesto el puesto _____
2. ¡Si aún no nos han resuelto ustedes el problema _____

3. ¡Si aún no me ha traído usted los informes _____
4. ¡Si aún no les has entregado las cartas _____
5. ¡Si aún no les han hecho ustedes ninguna confidencia _____
6. ¡Si aún no nos habéis corregido las faltas _____
7. ¡Si aún no me has traducido el artículo _____
8. ¡Si aún no le ha pedido usted ningún favor _____

**REPASO**

**164.** Poner los verbos entre paréntesis en las formas de *tú* y *usted*.

No (coger) ***cojas/coja*** un taxi en la calle, (reservarlo) _____ / _____ por teléfono el día anterior. No (hacer) _____ / _____ la cola, (sacar) _____ / _____ la tarjeta de embarque directamente en las máquinas y no (facturar) _____ / _____, no es necesario. No (preocuparse) _____ / _____ si no estoy, cogeré el vuelo siguiente. Al llegar, (tomar) _____ / _____ el metro. (Identificarse) _____ / _____ ante el recepcionista y (pedir) _____ / _____ una habitación que dé a la parte de atrás; no (aceptar) _____ / _____ ninguna que dé a la calle, el ruido es infernal. Si es posible, no (elegir) _____ / _____ habitaciones en el primer piso o cerca de los ascensores. Si aún no está lista, no (ir) _____ / _____ a la cafetería del hotel, no (poner) _____ / _____ ni un pie; es cara y el ambiente es de otra época. (Dar) _____ / _____ una vuelta. En todo caso, no (salir) _____ / _____ con el pasaporte, (dejarlo) _____ / _____ en el hotel. (Pedir) _____ / _____ un plano de la ciudad en conserjería y no (perderse) _____ / _____ en el laberinto de callejuelas. No (comer) _____ / _____ nada porque cenaremos temprano, (tomarse) _____ / _____ si acaso un refresco en alguna terraza. (Tener) _____ / _____ cuidado y no (hacer) _____ / _____ muchas llamadas desde el móvil porque son comunicaciones internacionales. No (llamar) _____ / _____ a Lola, seguramente estará trabajando, no (molestarla) _____ / _____. La veremos más tarde para cenar. No (agobiarse) _____ / _____ y no (ponerse) _____ / _____ nervioso. (Disfrutar) _____ / _____ y (pasarlo) _____ / _____ bien.

# Capítulo 9

# PRETÉRITO PLUSCUAMPERFECTO Y OTROS TIEMPOS DEL PASADO

**165.** Conjugar los verbos entre paréntesis en pretérito pluscuamperfecto.

Ejemplo: Alguien (robar) **había robado** el cuadro.

1. Vosotros (darse) _____ cuenta más tarde.
2. Tú (ver) _____ a varias personas saliendo.
3. Yo (avisar) _____ a la policía.
4. Nosotros no (oír) _____ nada.
5. La policía (detener) _____ a unos sospechosos.
6. Los sospechosos (confesar) _____
7. Ustedes (enterarse) _____ por la prensa.
8. El botín no (recuperarse) _____

**166.** Contestar a las preguntas según el modelo.

Ejemplo: ¿Habías estado antes en La Alhambra?
→ **No, nunca había estado antes en La Alhambra.**

1. ¿Habían visitado ustedes antes la Mezquita de Córdoba?
→ _____

2. ¿Habías entrado antes en el Alcázar de Sevilla?
→ _____

3. ¿Habían subido antes los estudiantes a la Giralda?
→ _____

4. ¿Había programado usted antes una visita a Andalucía?
→ _____

5. ¿Habías venido antes a los pueblos blancos?
→ _____

6. ¿Te había acompañado antes tu novio a Sevilla?
→ _____

7. ¿Le habían hablado a usted antes del barrio de Santa Cruz?
→ _____

8. ¿Habíais visitado antes la plaza de toros de la Maestranza?
→ _____

**167.** Transformar según el modelo.

Ejemplo: ¡Qué de cosas aclara! → ***Nunca había aclarado tantas cosas.***

1. ¡Qué de agua consumimos!
→ _____

2. ¡Qué de faltas cometes!
→ _____

3. ¡Qué de trabas ponen!
→ _____

4. ¡Qué de papeleo exigen!
→ _____

5. ¡Qué de incógnitas despejan!
→ _____

6. ¡Qué de barbaridades se dicen!
→ _____

7. ¡Qué de problemas resolvéis!
→ _____

8. ¡Qué de explicaciones pedimos!
→ _____

**168.** Conjugar los verbos entre paréntesis en pretérito pluscuamperfecto.

Ejemplo: Antes de Berlín, (vivir/nosotros) ***habíamos estado viviendo*** en Nueva York.

1. Antes del museo, (trabajar/él) _____ en una galería de arte.

2. Antes de Río de Janeiro, (visitar/ellos) _____ Bahía.

3. Antes de Cecilia, (salir/tú) _____ con Cristina.

4. Antes de decidirme, (informarse/yo) _____ de los precios.

5. Antes de tomar una decisión, (analizar/nosotros) _____ la situación.

6. Antes de comprometeros, (sopesar/vosotros) _____ los pros y los contras.

7. Antes de aceptar el trabajo, (enterarse/usted) _____ de las condiciones.

8. Antes de contestarle, (hacer/ellos) _____ averiguaciones.

**169. Formar frases según el modelo.**

Ejemplo: Saber / dar a luz / ella → *Se sabía que ella había dado a luz.*

1. Saber / asistir al parto / el padre
→ _____

2. Saber / tener gemelos / ellos
→ _____

3. Saber / ser un embarazo difícil
→ _____

4. Saber / adoptar un niño / tú
→ _____

5. Saber / llevar en secreto / nosotros / la adopción
→ _____

6. Saber / resultar complejos / los trámites
→ _____

7. Saber / estar embarazada / tu mujer
→ _____

8 Saber / ser los padrinos / vosotros
→ _____

**170. Transformar según el modelo.**

Ejemplo: Está claro que aún no ha presentado la denuncia.
→ *Estaba claro que aún no había presentado la denuncia.*

1. Es obvio que ya han hecho las paces.
→ _____

2. Está probado que les habéis engañado.
→ _____

3. No hay duda de que les has mentido.
→ _____

4. Es evidente que no hemos resuelto el conflicto.
→ _____

5. No cabe duda de que he fracasado.
→ _____

6. Está comprobado que no ha habido comunicación.
→ _____

7. Es casi seguro que no han llegado a un acuerdo.
→ _____

8. Es incuestionable que habéis abusado de su confianza.
→ _____

**171. Conjugar los verbos entre paréntesis.**

Ejemplo: Nadie (saber) **sabía** quién (lanzar) **había lanzado** el rumor.

1. (Hacer) _____ tanto frío que todo el mundo (quedarse) _____ en el hotel.

2. Los coches (llevar) _____ cadenas porque (nevar) _____ todo el día.

3. Tú (estar) _____ congelado porque no (vestirse) _____ adecuadamente.

4. Vosotros (tener) _____ los pies helados porque no (calzarse) _____ de manera adecuada.

5. Nosotros no (poder) _____ esquiar porque (olvidarse) _____ de los guantes.

6. Yo (estar) _____ furioso porque (dejar) _____ las gafas de sol en el hotel.

7. (Soplar) _____ tanto el viento que los telesillas (pararse) _____

8. Se (ver) _____ tan poco que los esquiadores (abarrotar) _____ los bares.

**172.** Completar las frases según el modelo.

Ejemplo: Estaba tan contento de sí mismo como **había estado siempre**.

1. Eras tan indiscreto como _____
2. Metía la pata tanto como la _____
3. Decían tantas bobadas como _____
4. Hacíais tantas tonterías como _____
5. Se tomaban tan en serio como _____
6. Tenía tan poco sentido del humor como _____
7. Gastábamos tantas bromas tontas como _____
8. Cotilleaba tanto como _____

**173.** Contestar a las preguntas.

Ejemplo: ¿Te han contestado mal?
→ **No me habían contestado tan mal desde hace tiempo.**

1. ¿Han dormido ustedes bien?
→ _____

2. ¿Os lo habéis pasado bien?
→ _____

3. ¿Has estado a gusto?
→ _____

4. ¿Se ha encontrado usted mal?
→ _____

5. ¿Ha sido interesante el debate?
→ _____

6. ¿Se han portado bien los chicos?
→ _____

7. ¿Te han tratado bien?
→ _____

8. ¿Les han atendido a ustedes bien?
→ _____

**174.** Conjugar los verbos entre paréntesis.

Ejemplo: Todo se (hacer) **ha hecho** tal y como yo lo (decir) **había dicho**.

1. Todo (suceder) _____ tal y como nosotros (prever) _____

2. Todo (ocurrir) _____ tal y como ellos (proyectar) _____

3. Todo (pasar) _____ tal y como tú (decir) _____

4. Todo (salir) _____ tal y como yo (concebir) _____

5. Todo (ir) _____ tal y como se (planear) _____

6. Todo (resultar) _____ tal y como vosotros (proponer) _____

7. Todo (ser) _____ tal y como ustedes lo (imaginar) _____

8. Todo (producirse) _____ tal y como usted (informar) _____

**175.** Transformar según el modelo.

Ejemplo: Hoy he montado en globo por primera vez.
→ **Nunca antes había montado en globo.**

1. Hoy hemos volado en parapente por primera vez.
→ _____

2. Hoy se han lanzado en paracaídas por primera vez.
→ _____

3. Hoy ha practicado el vuelo sin motor por primera vez.
→ _____

4. Hoy he hecho delta plan por primera vez.
→ _____

5. Hoy nos hemos subido en un avión de caza por primera vez.
→ _____

6. Hoy han estado a bordo de un portaviones por primera vez.
→ _____

7. Hoy he viajado en helicóptero por primera vez.
→ _____

8. Hoy habéis visitado una nave espacial por primera vez.
→ _____

**176.** Conjugar el verbo entre paréntesis.

Ejemplo: Cuando llegué a la parada, el autobús ya (irse) **se había ido**.

1. Cuando llegué, la reunión ya (acabarse) _____
2. Cuando llegué, ya (irse/vosotros) _____ a casa.
3. Cuando llegué, ya (salir/tú) _____ a comer.
4. Cuando llegué, los clientes ya (llegar) _____
5. Cuando llegué, ya (instalarse/usted) _____
6. Cuando llegué, ya (recibir/yo) _____ varios mails.
7. Cuando llegué, todo el mundo ya (ponerse) _____ de acuerdo.
8. Cuando llegué, ya (hacer/tú) _____ lo necesario.

**177.** Transformar según el modelo.

Ejemplo: Me dijeron que por allí no apareció nadie.
→ **Me dijeron que por allí no había aparecido nadie.**

1. Me dijeron que recomendaron no hacer esquí fuera de las pistas.
→ _____

2. Me dijeron que nevó todo el día anterior.
→ _____

3. Me dijeron que tuvieron un accidente esquiando.
→ _____

4. Me dijeron que un alud sepultó a varias personas.
→ _____

5. Me dijeron que los servicios de rescate vinieron rápidamente.
→ _____

6. Me dijeron que tú esquiaste con ellos ese día.
→ _____

7. Me dijeron que vosotros no quisisteis salir fuera de las pistas.
→ _____

8. Me dijeron que todos salieron del hospital por su propio pie.
→ _____

**178.** Contestar a las preguntas.

Ejemplo: ¿Esa fue la primera vez que lo echaron de clase?
→ **No, ya lo habían echado antes otras veces.**

1. ¿Esa fue la primera vez que te multaron por aparcar mal?
→ _____

2. ¿Esa fue la primera vez que os colastéis?
→ _____

3. ¿Esa fue la primera vez que le despidieron de un trabajo?
→ _____

4. ¿Esa fue la primera vez que te llamaron la atención?
→ _____

5. ¿Esa fue la primera vez que quedamos?
→ _____

6. ¿Esa fue la primera vez que se vieron ustedes?
→ _____

7. ¿Esa fue la primera vez que tuvo usted un control fiscal?
→ _____

8. ¿Esa fue la primera vez que la detuvieron?
→ _____

**179.** Formar frases según el modelo.

Ejemplo: Pasar el control del coche / él
→ *Ayer no pasó el control del coche, pero ya lo había pasado antes.*

1. Verificar los frenos / ellos
→ _____

2. Hinchar las ruedas / yo
→ _____

3. Cambiar el aceite / nosotros
→ _____

4. Revisar la caja de cambios / tú
→ _____

5. Hacer funcionar el parabrisas / vosotros
→ _____

6. Comprobar las luces largas / ustedes
→ _____

7. Poner en marcha el motor / usted
→ _____

8. Llevar el coche a revisión / yo
→ _____

**180.** Conjugar los verbos entre paréntesis según el modelo.

Ejemplo: No (dormir/yo) *dormí* muy bien porque (tomar) *había tomado* mucho café.

1. No (aprobar/tú) _____ porque no (trabajar) _____ lo suficiente.

2. No (parar/él) _____ porque no (ver) _____ la señal de stop.

3. No (ser/ellos) _____ aceptados porque no (inscribirse) _____.

4. No (conseguir/vosotros) _____ nada porque no (hacer) _____ ninguna reclamación.

5. No (reclamar/nosotros) _____ nada porque no lo (considerar) _____ oportuno.

6. No lo (denunciar/ellos) _____ porque no (conseguir) _____ pruebas suficientes.

7. No (perder/yo) _____ el juicio porque (contratar) _____ a un buen abogado.

8. No (haber) _____ juicio porque se (llegar) _____ a un acuerdo.

**181.** Tachar la respuesta incorrecta.

Ejemplo: No me di cuenta de que **había / había habido** un coche a mi izquierda.

1. No me di cuenta de que la chica *estaba / había estado* embarazada.
2. No me di cuenta de que ya *dabas / habías dado* a luz.
3. No me di cuenta de que aún no *volvías / habías vuelto* de baja por maternidad.
4. No me di cuenta de que hoy *era / había sido* sábado.
5. No me di cuenta de que ya *estábamos / habíamos estado* en primavera.
6. No me di cuenta de que ya se *cambiaba / había cambiado* a la hora de verano.
7. No me di cuenta de que *quedaban / habían quedado* tantos kilómetros.
8. No me di cuenta de que se *resolvía / había resuelto* el problema.

### REPASO

**182.** Conjugar los verbos entre paréntesis en pretérito pluscuamperfecto.

Todo (cambiar) **había cambiado**. Tú (marcharse) _____ a estudiar fuera y una vez finalizados los estudios, (quedarse) _____ a vivir en la ciudad. Los Guzmán (vender) _____ la casa y ya no (volver) _____ a veranear en el pueblo. Vosotros (casarse) _____ y (instalarse) _____ en el extranjero. Yo (seguir) _____ viniendo un par de años más con mis padres, aunque menos tiempo, y al final (dejar) _____ también de venir. Nosotros (compartir) _____ muchas cosas porque (crecer) _____ juntos, pero todo (acabarse) _____ Simplemente (dejar) _____ de ser niños y (pasar) _____ a otra etapa. Cuando años más tarde nos volvimos a reunir, unos (perder) _____ pelo, otros (coger) _____ peso, todos (envejecer) _____ más o menos bien; pero ninguno (olvidarse) _____ de aquellos veranos. Rilke (escribir) _____: *la infancia es la patria del hombre*.

# Capítulo 10

# ORACIONES SUBORDINADAS TEMPORALES

**183.** Conjugar los verbos entre paréntesis en acción futura.

Ejemplo: Depende de cuando (ser) **sea** el acontecimiento.

1. Depende de cuando (hacerse) _____ pública la noticia.
2. Depende de cuando (organizar/tú) _____ los mítines.
3. Depende de cuando (tomar/usted) _____ la palabra.
4. Depende de cuando (poner/ellos) _____ anuncios.
5. Depende de cuando (retransmitir/ellos) _____ el video.
6. Depende de cuando (tener) _____ lugar el congreso.
7. Depende de cuando (estar/vosotros) _____ listos para salir en antena.
8. Depende de cuando (acabarse) _____ el programa.

**184.** Mismo ejercicio que el anterior, en acción pasada.

Ejemplo: Depende de cuando (ser) **fue** el acontecimiento.

1. Depende de cuando (hacerse) _____ pública la noticia.
2. Depende de cuando (organizar/tú) _____ los mítines.
3. Depende de cuando (tomar/usted) _____ la palabra.
4. Depende de cuando (poner/ellos) _____ los anuncios.
5. Depende de cuando (retransmitir/ellos) _____ el video.
6. Depende de cuando (tener) _____ lugar el congreso.
7. Depende de cuando (estar/vosotros) _____ listos para salir en antena.
8. Depende de cuando (acabarse) _____ el programa.

**185.** Tachar la respuesta incorrecta.

Ejemplo: Cuando ~~veo~~ / *vea* a Pedro, le hablaré de eso.

1. Cuando *tuve / tenga* la lista, te la mandaré.
2. Cuando *estabas / estés* preparado, nos vamos.
3. Cuando *acabaste / acabes*, apagaste el ordenador.
4. Cuando *pidió / pida* ayuda, le echamos una mano.
5. Cuando se *disculparon / disculpen*, volveremos a llevarnos bien.
6. Cuando *nació / nazca* el bebé, nos fuimos a vivir al campo.
7. Cuando *seas / fuiste* mayor, podrás elegir.
8. Cuando *necesitaste / necesitas* un favor, te lo hice.

**186.** Transformar la acción habitual en acción futura.

Ejemplo: Cuando funciona la imaginación, es más fácil. (Acción habitual)
→ ***Cuando funcione la imaginación, será más fácil.*** (Acción futura)

1. Cuando me tranquilizo, todo va bien.
→ _____
2. Cuando llega el fin de semana, hay más ambiente.
→ _____
3. Cuando salimos de noche, volvemos muy tarde.
→ _____
4. Cuando vuelven a casa, hacen mucho ruido.
→ _____
5. Cuando haces mucho ruido, los vecinos se quejan.
→ _____
6. Cuando los vecinos se quejan, os llaman la atención.
→ _____
7. Cuando te llaman la atención, te molesta.
→ _____
8. Cuando le molesta algo, se pone de mal humor.
→ _____

**187.** Transformar la acción pasada en acción futura.

Ejemplo: Cuando discutían, se enteraba todo el mundo. (Acción pasada)
→ ***Cuando discutan, se enterará todo el mundo.*** (Acción futura)

1. Cuando dormías, roncabas.
→ _____
2. Cuando roncaba, no me dejaba dormir.
→ _____
3. Cuando quería algo, no paraba hasta lograrlo.
→ _____

4. Cuando lo conseguían, pasaban a otra cosa.
→ _____

5. Cuando necesitasteis algo, llamasteis.
→ _____

6. Cuando lo probaste, te gustó.
→ _____

7. Cuando se calmó, pudimos hablar serenamente.
→ _____

8. Cuando se fue, lo echamos de menos.
→ _____

**188. Conjugar los verbos entre paréntesis según el modelo.**

Ejemplo: Cuando (ir/yo) **vaya** a La India, (visitar) **visitaré** Benarés.

1. Cuando (llegar/nosotros) _____, (ir) _____ directamente al hotel.

2. Cuando (conocer/vosotros) _____ a sus habitantes, os (gustar) _____.

3. Cuando (ver/tú) _____ el Taj Mahal, te (impresionar) _____.

4. Cuando lo (visitar/usted) _____, seguramente (haber) _____ mucha gente.

5. Cuando (entrar/ustedes) _____ en los templos, (tener) _____ que descalzarse.

6. Cuando (bajar/él) _____ del avión, (ver) _____ un mundo nuevo.

7. Cuando (probar/vosotros) _____ la comida, (descubrir) _____ nuevos sabores.

8. Cuando (regresar/tú) _____, (querer) _____ volver.

**189. Tachar la respuesta incorrecta.**

Ejemplo: Mientras no se ~~quejó~~ / *queje*, no conseguirá nada.

1. En cuanto *tengo / tenga* un minuto, te llama.
2. Tan pronto como se *despertó / despierte*, se puso a hablar.
3. Hasta que no lo *vi / vea* claro, no tomé ninguna decisión.
4. Mientras no se *firma / firme* el contrato, no podremos hacer nada.
5. En cuanto *publican / publiquen* la ley, habrá protestas.
6. Tan pronto como *compramos / compremos* la casa, empezamos las obras.
7. Hasta que no *acabamos / acabemos* las obras, no nos instalaremos.
8. Mientras *duraron / duren* las reformas, vivimos en un hotel.

**190.** Transformar según el modelo.

Ejemplo: En cuanto salieron al campo, los hinchas se pusieron a gritar.
→ *En cuanto salgan al campo, los hinchas se pondrán a gritar.*

1. Tan pronto como empezó a llover, la gente abrió los paraguas.
→ 

2. Mientras estuvo lloviendo, no salimos a la calle.
→ 

3. Hasta que no dejó de llover, no pudimos encontrar un taxi.
→ 

4. Cuando salió el primer rayo de sol, la gente abarrotó las terrazas.
→ 

5. En cuanto pagaron, se fueron.
→ 

6. Tan pronto como acabamos de comer, pedimos la cuenta.
→ 

7. Mientras no hablaron, no hubo acuerdo.
→ 

8. Hasta que no los pedimos, no nos trajeron los abrigos.
→ 

**191.** Formar frases según el modelo.

Ejemplo: En cuanto / poder / pasar a verte.
→ *En cuanto pude, pasé a verte.*

1. Tan pronto como / llegar / avisarte.
→ 

2. Mientras / mantener esa presión / tener problemas.
→ 

3. Hasta que / no bajar el ritmo / no dormir bien.
→ 

4. Cuando / adaptarse / vivir mejor.
→ 

5. En cuanto / conocerlo / caer bien.
→ 

6. Tan pronto como / tratarla / cambiar de opinión.
→ 

7. Mientras / no coger confianza / ser difícil para mí.
→ 

8. Hasta que / no sincerarse / no arreglar nada.
→

**192. Transformar según el modelo.**

Ejemplo: No paró hasta que lo consiguió.
→ ***No paró hasta conseguirlo.***

1. No hice ningún cambio hasta que no lo vi claro.
→

2. No te despedirán hasta que encuentren un sustituto.
→

3. No fue a clase hasta que estuvo bueno.
→

4. No le dijeron que sí hasta que comprobaron el currículo.
→

5. No me puse a trabajar hasta que salí de la universidad.
→

6. No encontraron trabajo hasta que cambiaron de ciudad.
→

7. No encontró nada hasta que se lo propuso.
→

8. No alquiló un piso hasta que supo dónde iba a trabajar.
→

**193. Transformar utilizando *hasta* + infinitivo cuando sea posible.**

Ejemplo: Lo intentamos hasta que no pudimos más. → ***hasta no poder más.***

1. No iré hasta que me den una explicación.
→

2. Reclamé hasta que conseguí una indemnización.
→

3. No cederé hasta que obtenga una respuesta.
→

4. Insistiré hasta que cojan el teléfono.
→

5. Hizo presión hasta que logró su objetivo.
→

6. No daré explicaciones hasta que me las pidan.
→

7. Gritaré hasta que me quede sin voz.
→

8. Lo repetiré hasta que me canse.
→

**194. Conjugar el verbo entre paréntesis según el modelo.**

Ejemplo:  -¿Cuándo (tomar/vosotros) ***tomaréis*** una decisión?
  - Cuando (tener) ***tengamos*** elementos suficientes.

1. -¿Cuándo (escribir/usted) _____ sus memorias?
   -En cuanto (recopilar) _____ toda la información.

2. -¿Cuándo (redactar/tú) _____ el artículo?
   -Cuando el periódico (querer) _____
3. -¿Cuándo se (editar) _____ la novela?
   -Tan pronto como se (terminar) _____
4. -¿Cuándo (poner/ellos) _____ a la venta los cuentos?
   -Cuando la editorial (dar) _____ el visto bueno.
5. -¿Cuándo (publicar/ellos) _____ la biografía?
   -En cuanto (obtener) _____ la autorización del interesado.
6. -¿Cuándo (enviar/vosotros) _____ el manuscrito?
   -Tan pronto como se (registrar) _____
7. -¿Cuándo (dar/ellos) _____ a conocer el ganador?
   -Cuando el jurado (ponerse) _____ de acuerdo.
8. -¿Cuándo (salir) _____ en la red?
   -Tan pronto como (ser) _____ posible.

**195.** Formar frases con interrogativas negativas a partir de las respuestas del ejercicio anterior.

Ejemplo: Cuando tengamos elementos suficientes.
→ ***Aunque no sé cuándo tendremos elementos suficientes.***

1. _____
2. _____
3. _____
4. _____
5. _____
6. _____
7. _____
8. _____

## A. Anterioridad

**196.** Transformar según el modelo.

Ejemplo: Cuando entres, llama. → ***Llama antes de entrar.***

1. Cuando compres algo, pregunta primero el precio.
   → _____
2. Cuando cruces, mira bien a la izquierda y a la derecha.
   → _____
3. Cuando salgas, apaga el ordenador.
   → _____
4. Cuando te vayas, avísame.
   → _____
5. Cuando vengas, dame un telefonazo.
   → _____

6. Cuando mandes el mail, comprueba la dirección.
→ _____

7. Cuando solicites el crédito, entérate bien de los intereses.
→ _____

8. Cuando hagas la reserva, consulta el sitio internet.
→ _____

**197.** Conjugar el verbo entre paréntesis según el modelo.

Ejemplo: Tiene que ordenar todo antes de que (irse/nosotros) **nos vayamos**.

1. Tienen que pensarlo bien antes de que (tomar/nosotros) _____ una decisión.

2. Tenéis que hacer la cama antes de que (venir/ellos) _____

3. Tienes que borrarlo antes de que (verlo/él) _____

4. Tengo que llamar antes de que (llegar/vosotros) _____

5. Tenemos que revisar el contenido antes de que (mandarlo/tú) _____

6. Tiene que consultarlo antes de que (ser) _____ demasiado tarde.

7. Tienen que decirnos sus condiciones antes de que (aceptar/nosotros) _____

8. Tienes que comprobar todo antes de que (estar/ellos) _____ de vuelta.

**198.** Formar frase con *antes de* o *antes que*.

Ejemplos: Tenemos que hablar (irse/nosotros)
→ Tenemos que hablar **antes de irnos**.
Tenemos que hablar (irse/ellos)
→ Tenemos que hablar **antes de que se vayan**.

1. Echa gasolina (acabarse)
→ _____

2. Vete al garaje (cerrar/ellos)
→ _____

3. Pasa el aspirador (lavarlo)
→ _____

4. Pensadlo bien (contestar/vosotros)
→ _____

5. Coged los billetes (agotarse)
→ _____

6. Reserva la mesa (ir/tú)
→ _____

7. Mirad la carta (entrar/vosotros)
→ _____

8. Pide el menú gastronómico (cambiarlo/ellos)
→ _____

## B. Posterioridad

**199. Transformar según el modelo.**

Ejemplo: Cuando hayas hecho el plato principal, prepara el postre.
→ *Después de hacer el plato principal, prepara el postre.*

1. Cuando hayas comprado los ingredientes, descongélalos.
→ _____

2. Cuando los hayas descongelado, métclos en la nevera.
→ _____

3. Cuando hayas preparado el acompañamiento, sácalos del frigorífico.
→ _____

4. Cuando hayas hecho la salsa, ponlo todo en una bandeja.
→ _____

5. Cuando hayas calentado el horno, mete la bandeja.
→ _____

6. Cuando hayas comprobado la cocción, gira la bandeja.
→ _____

7. Cuando hayas terminado, déjalo reposar.
→ _____

8. Cuando lo hayas probado, sírvelo.
→ _____

**200. Conjugar el verbo entre paréntesis según el modelo.**

Ejemplo: Las puertas se cerrarán después de que (dar) **dé** comienzo el juicio.

1. Podrán hacer preguntas después de que (terminar) _____ el fiscal.

2. Podrán sentarse después de que el juez (tomar) _____ asiento.

3. Podrán salir después de que el jurado (ir) _____ a deliberar.

4. El acusado podrá abandonar la sala después de que el juez lo (autorizar) _____

5. Los testigos podrán presentarse después de que el abogado los (llamar) _____

6. Se podrá saber más después de que el ministerio fiscal (presentar) _____ las acusaciones.

7. El juez emitirá una sentencia después de que el jurado (decidir) _____

8. La prensa dará toda la información después de que el juicio (acabar) _____

**201.** Transformar según el modelo.

Ejemplo: Llegué a casa y acto seguido me puse a repasar el examen.
→ ***Nada más llegar a casa, me puse a repasar el examen.***

1. Entré en clase y acto seguido empezamos el examen.
→

2. Terminé el examen y acto seguido salí disparado para la estación.
→

3. Subí y acto seguido el tren se puso en marcha.
→

4. Me senté y acto seguido me quedé dormido.
→

5. Se durmió y acto seguido se puso a roncar.
→

6. Me desperté y acto seguido fui a tomar un café.
→

7. Me tomé el café y acto seguido la vi.
→

8. La vi y acto seguido me enamoré.
→

## C. Simultaneidad

**202.** Transformar según el modelo.

Ejemplo: Cuando entré en el portal, me di cuenta que algo había cambiado.
→ ***Al entrar en el portal, me di cuenta que algo había cambiado.***

1. Cuando metí la llave en la cerradura, noté algo raro.
→

2. Cuando abrí la puerta, no vi nada especial.
→

3. Cuando encendí las luces de mi oficina, algo se movió.
→

4. Cuando salí al pasillo, una sombra apareció al fondo.
→

5. Cuando sonó el teléfono, contesté.
→

6. Cuando lo cogí, una voz me dijo: salga de ahí inmediatamente.
→

7. Cuando quise escapar, me caí.
→

8. Cuando grité, me desperté.
→ _____

**203.** Transformar según el modelo.

Ejemplo: Paseando a estas horas, te encuentras a mucha gente.
→ *Al pasear a estas horas, te encuentras a mucha gente.*

1. Haciendo senderismo, estás en contacto con la naturaleza.
→ _____

2. Oyéndolo hablar, todo es posible.
→ _____

3. Escuchando su música, te olvidas de todo.
→ _____

4. Leyendo sus libros, viajas en el tiempo.
→ _____

5. Viendo sus películas, te diviertes mucho.
→ _____

6. Esquiando en el mes de enero, pasas mucho frío.
→ _____

7. Nadando, desarrollas la musculatura.
→ _____

8. Jugando al ajedrez, ejercitas el cerebro.
→ _____

### REPASO

**204.** Conjugar los verbos entre paréntesis.

El otro día me volví a cruzar con mi ex, al (salir) ***salir*** de casa. Cuando lo (ver) _____, me hice la loca, pero no me sirvió de nada. En cuanto (darse) _____ cuenta, me hizo señas e incluso antes de (cruzar) _____ la calle, ya se puso a hablar. Para cuando (poder) _____ reaccionar, ya era demasiado tarde. Mientras me (plantar) _____ dos besos, yo pensaba: en cuanto (ver) _____ un taxi, un autobús, un camión, una furgoneta -cualquier medio de transporte- lo paro. Tan pronto como alguien conocido o desconocido -me da igual- (pasar) _____, me voy con él. Así que cuando (aparecer) _____ Andrés, no me lo podía creer. Nada más (verlo) _____, me eché en sus brazos.

La verdad es que hasta que no (cambiar) _____ de barrio la situación no evolucionará. Mientras él (seguir) _____ viviendo en la misma calle, acabaré cruzándomelo todos los días. Cuando (coger) _____ vacaciones, me dedicaré a buscar otro apartamento.

# Capítulo 11

# ORACIONES SUBORDINADAS

## A. Oraciones subordinadas concesivas

**205.** Conjugar los verbos entre paréntesis (hechos reales).

Ejemplo: Aunque no me (invitar) **invitaron**, iré.

1. Aunque (dormir/yo) _____ poco, te acompañaré.
2. Aunque (tomar/él) _____ el día libre, no lo recuperará.
3. Aunque lo (intentar/ellos) _____ no lo conseguirán.
4. Aunque el examen (ser) _____ fácil, no aprobaré.
5. Aunque (tener/nosotros) _____ dificultades, saldremos adelante.
6. Aunque nos (poner/usted) _____ las cosas difíciles, encontraremos una solución.
7. Aunque su actitud me (molestar) _____, no le guardaré rencor.
8. Aunque (enfadarse/ellos) _____, no habrá problema.

**206.** Conjugar los verbos entre paréntesis del ejercicio anterior según el modelo (hechos hipotéticos).

Ejemplo: Iré aunque no me (invitar) **inviten**.

1. Te acompañaré aunque (dormir/yo) _____ poco.
2. No lo recuperará aunque (tomar/él) _____ el día libre.
3. No lo conseguirán aunque lo (intentar/ellos) _____.
4. No aprobaré aunque el examen (ser) _____ fácil.
5. Saldremos adelante aunque (tener/nosotros) _____ dificultades.
6. Encontraremos una solución aunque nos (poner/usted) _____ las cosas difíciles.
7. No le guardaré rencor aunque su actitud me (molestar) _____.
8. No habrá problema aunque (enfadarse/ellos) _____.

**207.** Tachar la respuesta incorrecta.

Ejemplo: Aunque **llaman̶ / llamen**, no abras la puerta.

1. Aunque *jugaron / jueguen* bien, no ganaron.
2. Aunque *cerré / cierre* las ventanas, seguí oyendo ruidos.
3. Aunque *sonó / suene* el teléfono, no lo cojas.
4. Aunque no *descansé / descanse* mucho, estaba en forma.
5. Aunque *vienes / vengas*, no nos encontrarás.
6. Aunque te *cuesta / cueste*, haz un esfuerzo.
7. Aunque no lo *traté / trate* demasiado, me cayó bien.
8. Aunque *gritas / grites*, no te oirá.

**208.** Contestar según el modelo.

Ejemplo: No quiero ponerme el cinturón de seguridad. / obligatorio
→ ***Pues aunque no quieras ponerte el cinturón de seguridad, es obligatorio.***

1. No hago deporte. / saludable
→ _____

2. No me viene nada bien pagar esta multa. / obligatorio
→ _____

3. No me gusta nada ponerme protección solar. / conveniente
→ _____

4. No estoy de acuerdo con ese horario. / inamovible
→ _____

5. No nos importa mucho ese detalle. / fundamental
→ _____

6. Nos parece una medida injusta. / legal
→ _____

7. Nos encanta tomar el sol. / peligroso
→ _____

8. No le damos importancia al aspecto exterior. / importante
→ _____

**209.** Formar frases según el modelo.

Ejemplo: El pantalón es de franela / no se arruga.
→ ***El pantalón es de franela, pero aunque sea de franela, no se arruga.***

1. Don Jaime tiene 85 años / no los aparenta.
→ _____

2. Andrés habla mucho / es muy tímido.
→ _____

3. Me gusta mucho mi casa / es un poco pequeña.
→ _____

4. Vivimos bien aquí / no nos adaptamos.
→ _____

5. Se viste con ropa de marca / es una paleta.
→ _____

6. No tiene buen aspecto / está mejor.
→ _____

7. Nos saludamos / no somos íntimos.
→ _____

8. Conocéis a mucha gente / estáis solos.
→ _____

**210.** Transformar según el modelo.

Ejemplo: Aunque llueva a mares, iré a la playa.
→ *Aun lloviendo a mares, iré a la playa.*

1. Aunque me lo pida de rodillas, le diré que no.
→ _____

2. Aunque le paguen el doble, no aceptará ese trabajo.
→ _____

3. Aunque estudiéis como locos, no aprobaréis.
→ _____

4. Aunque se vaya a Inglaterra todo el año, no aprenderá inglés.
→ _____

5. Aunque llegues a esa hora, perderás la conexión.
→ _____

6. Aunque me había tomado una pastilla, me seguía doliendo la cabeza.
→ _____

7. Aunque están distanciados, se saludan cortésmente.
→ _____

8. Aunque como mucho, no engordo.
→ _____

**211.** Transformar según el modelo.

Ejemplo: A pesar de que tenía mucho que hacer, le ayudé.
→ *A pesar de tener mucho que hacer, le ayudé.*

1. A pesar de que gana mucho dinero, es un tacaño.
→ _____

2. A pesar de que se cayó desde la ventana, no le pasó nada.
→ _____

3. A pesar de que estaba enfermo, fui a clase.
→ _____

4. A pesar de que no comparto sus ideas, las respeto.
→ _____

5. A pesar de que no tengan nada en común, se llevan bien.
→ _____

6. A pesar de que salían desde hace años, han roto.
→ _____

7. A pesar de que no lo mereces, te haré un regalo.
→ _____

8. A pesar de que no lo parezca, son hermanos.
→ _____

**212.** Poner el verbo entre paréntesis en la forma correcta.

Ejemplo: Aunque lo (buscar) **busqué**, no lo encontré.

1. A pesar de que (abrigarse) _____, cogí un resfriado.
2. Aunque (salir) _____ temprano, llegaron tarde.
3. Aun (comer) _____, no paraba de hablar.
4. A pesar de (marearse) _____, prefirió el autobús.
5. Aunque (solicitar) _____ la beca, no lo hicisteis a tiempo.
6. A pesar de (cometer) _____ el error mil veces, lo volvió a cometer.
7. Aun (utilizar) _____ la calculadora, se equivocaba.
8. A pesar de que (ser) _____ compañeros de colegio, no se reconocieron.

## REPASO

**213.** Conjugar los verbos entre paréntesis en primera persona del singular cuando sea necesario.

A pesar de que (avisar) **avisé** de mi llegada, no había nadie en el aeropuerto esperándome. Llovía a mares, así que cogí un taxi, y aunque (indicarle) _____ al taxista la ruta que quería seguir, él fue por donde le dio la gana. A pesar de (decirle) _____ la dirección exacta y aun (saber) _____ que tenía dos grandes maletas, me dejó a 200 metros de mi casa. Después de también cobrarme lo que le dio la gana, salí del taxi. La próxima vez, a pesar de que (estar) _____ agotada por el viaje y aunque (ir) _____, cargada como una mula, pienso coger el tren. Llegaré muerta a casa, pero al menos no muerta e histérica como hoy.

## B. Oraciones subordinadas finales

**214.** Conjugar los verbos entre paréntesis.

Ejemplo: Voy al taller para que (revisar/ellos) **revisen** los frenos del coche.

1. Tengo hora con el dentista para que me (hacer/él) _____ un empaste.
2. He quedado con Isabel para que (salir/ella) _____ un poco.
3. Han contactado con el bufete de abogados para que les (dar/ellos) _____ cita.
4. Tenemos cita con los abogados para que nos (informar/ellos) _____ del juicio.
5. Le he citado para que (exponer/usted) _____ sus condiciones.
6. Te hemos llamado para que (ponerse/nosotros) _____ de acuerdo.
7. Han telefoneado al estudio de arquitectos para que les (mandar/ellos) _____ los planos.
8. Hemos visto a los arquitectos para que nos (explicar/ellos) _____ algunos detalles.

**215.** Contestar a la pregunta.

Ejemplo: ¿Para qué quieres un gato? / Hacerme compañía
→ *Para que me haga compañía.*

1. ¿Para qué quieres reunir a todo el mundo? / Ser una gran fiesta
→ _____

2. ¿Para qué quieres mucha gente? / Haber más ambiente
→ _____

3. ¿Para qué quieres hablar con Raúl? / Venir conmigo de compras
→ _____

4. ¿Para qué quieres verme? / Contarme todos los cotilleos
→ _____

5. ¿Para qué quieres cenar con ellos? / Decirme que hay de nuevo
→ _____

6. ¿Para qué quieres un perro? / Guardar la finca
→ _____

7. ¿Para qué quieres una finca? / Correr los perros
→ _____

8. ¿Para qué quieres una casa de campo? / Jugar los niños
→ _____

**216.** Transformar según el modelo.

Ejemplo: Quiero ver a Juan para que cambiemos impresiones.
→ *Quiero ver a Juan para cambiar impresiones.*

1. Quiere hablar con vosotros para que solucionemos nuestras diferencias.
→ _____

2. Queremos hablar contigo para que salgamos de dudas.
→ _____

3. Quieren hablar conmigo para que lleguemos a un acuerdo.
→ _____

4. Quiero hablar contigo para que sepamos a qué atenernos.
→ _____

5. Quieren quedar contigo para que rompáis el hielo.
→ _____

6. Quiero quedar con vosotros para que hablemos de nuestras cosas.
→ _____

7. Quiere quedar conmigo para que nos contemos nuestras penas.
→ _____

8. Queremos quedar con vosotros para que pongamos las cosas en su sitio.
→ _____

### REPASO

**217.** Conjugar los verbos entre paréntesis si es necesario.

Este es el código de acceso para que (poder/tú) **puedas** entrar en el portal. Es el mismo para (utilizar) _____ en el ascensor. Para que (acordarse/tú) _____ bien, es la fecha de mi cumpleaños. Una vez en el interior, tienes que llamar al telefonillo para que yo (abrirte) _____ desde arriba. No sé para qué (poner) _____ tantas trabas para (poder) _____ acceder a una casa particular. Está claro que lo han hecho para que no (robar/ellos) _____ , pero la semana pasada entraron en el piso de abajo. ¿Para qué (servir) _____ entonces tantos códigos de acceso? En fin, si funciona, coge el ascensor del fondo para (subir) _____ al séptimo.

## C. Subordinadas causales

**218.** Transformar según el modelo.

Ejemplo: Al no poder hacer nada, me fui.
→ *Me fui porque no podía hacer nada. / Como no podía hacer nada, me fui.*

1. Al no dolerle la muela, canceló la cita con el dentista.
→ _____

2. Al no oírlos, creímos que se habían ido.
→ _____

3. Al no verla, pensé que no había venido.
→ _____

4. Al no moverse, nos dimos cuenta que algo iba mal.
→ _____

5. Al no llover, dejé el paraguas en casa.
→ _____

6. Al no ser rentable, cerraron la empresa.
→ _____

7. Al no haber quejas, supusimos que todo iba bien.
→ _____

8. Al no callarse, le llamaron la atención.
→ _____

**219.** Contestar a la pregunta.

Ejemplo: ¿Por qué no diste tu opinión? / Dar vergüenza hablar en público
→ *Es que me da vergüenza hablar en público.*

1. ¿Por qué no preguntas el sueldo? / Dar apuro
→ _____

2. ¿Por qué no pedís un aumento de sueldo? / Dar corte
→ _____

3. ¿Por qué no le dices que no? / Dar no sé qué
→ _____

4. ¿Por qué no lo mandan a paseo? / Dar pena
→ _____

5. ¿Por qué no cuentas con él? / Caer como un tiro
→ _____

6. ¿Por qué no la invitan? / Caer fatal
→ _____

7. ¿Por qué no les pedís ayuda? / Caer muy mal
→ _____

8. ¿Por qué eres tan desagradable con ellas? / No poder con ellas
→ _____

**220.** Transformar según el modelo.

Ejemplo: Como era muy caro, no compró el bolso.
→ *No compró el bolso por ser muy caro.*

1. Como le sentaba mal, devolvió el pantalón.
→ _____

2. Como no era su talla, cambió el vestido.

→ _____

3. Como no lo tenía muy claro, prefirió dejarlo.

→ _____

4. Como se trataba de un regalo, se lo quedó.

→ _____

5. Como estaba aburrida, se fue de compras.

→ _____

6. Como no querían gastar dinero, no entraron en la tienda.

→ _____

7. Como no podía decidirse por una, se compró dos blusas.

→ _____

8. Como no sabían qué hacer, se fueron de rebajas.

→ _____

**221.** Transformar según el modelo.

Ejemplo: Me apetece pero no voy a salir.

→ *No voy a salir, y no es porque no me apetezca.*

1. Queremos pero no podemos ayudarte.

→ _____

2. Lo intentan una y otra vez pero no lo consiguen.

→ _____

3. Coge el avión a menudo pero sigue teniendo miedo a volar.

→ _____

4. Conocen el código pero siempre se equivocan.

→ _____

5. Me gusta pero no lo voy a comprar.

→ _____

6. Ponen interés pero no avanzan.

→ _____

7. Habla pero no dice nada.

→ _____

8. Tiene dinero pero nunca paga.

→ _____

**REPASO**

**222.** Conjugar los verbos entre paréntesis.

Aquí va el mail de Pedro. Y todo esto porque (decir/nosotros) **dijimos** que Ana era un poco mandona. Como (estar) _____ fuera de sí, es mejor dejarlo tranquilo una temporada. Ya se le pasará:

Estoy indignado porque (creer) _____ que erais amigos míos. No comprendo porque (hacer/vosotros) _____ ese comentario de Ana. No me voy a enfadar, y no es porque no (tener) _____ motivos, es que no (merecer) _____ la pena. Vosotros no la conocéis, está claro, porque ella no (ser) _____ así, y no es porque yo lo (decir) _____, es que hay mucha gente que (pensar) _____ como yo. De todas formas esto me pasa por (tener) _____ amigos como vosotros.

## D. Subordinadas condicionales

**223.** Formar frases según el modelo.

Ejemplo: Hablar idiomas / tener más oportunidades (ellos)
→ *Si hablan idiomas, tendrán más oportunidades.*

1. Irse un curso a Méjico / progresar rápidamente (tú)
→ _____

2. Escuchar programas en radio o televisión / desarrollar la comprensión oral (yo)
→ _____

3. Leer periódicos / hacer progresos en comprensión escrita (vosotros)
→ _____

4. Escribir mails / practicar la expresión escrita (ellos)
→ _____

5. Hablar todos los días / conseguir fluidez (nosotros)
→ _____

6. Estudiar la gramática / aprender la estructura de la lengua (él)
→ _____

7. Apuntarse a un curso intensivo / adquirir las bases (tú)
→ _____

8. No hacer todo esto / difícilmente poder avanzar (vosotros)
→ _____

**224.** Conjugar el verbo según el modelo.

Ejemplo: Si (haber) **hay** algo interesante, (dejar) **deja** una nota.

1. Si (interesarte) _____, (aceptar) _____ sin dudar.

2. Si (haber) _____ cambios, (tenerme) _____ al corriente.

3. Si (ser) _____ importante, (avisarle) _____

4. Si (estar) _____ acabado, (ponerlo) _____ encima de mi mesa.

5. Si (hacer) _____ buen tiempo, (salir) _____ a dar una vuelta.

6. Si no (gustarte) _____ , (decírselo) _____

7. Si no (importarte) _____ , (venir) _____ más temprano.

8. Si (venirte) _____ bien, (hacerme) _____ ese favor.

### REPASO

**225.** Conjugar los verbos entre paréntesis.

Si (aprobar/yo) **apruebo** las oposiciones y no me (dar/ellos) _____ la plaza inmediatamente, (tomar/yo) _____ unos días de vacaciones. Si tú todavía (estar) _____ en Berlín en ese momento, (ir/yo) _____ a hacerte una visita porque no conozco esa ciudad y me han hablado muy bien de ella. Si no (tener/tú) _____ sitio en casa, no hay problema, (alojarme) _____ en un hotel. Si (venirte) _____ bien, (llamarme) _____ uno de estos días y hablamos. Si no (estar) _____ en casa, (dejar) _____ un recado y te llamo yo más tarde. Bueno, si todo (ir) _____ bien, (vernos) _____ dentro de un mes.

Un abrazo

## E. Subordinadas consecutivas

**226.** Transformar según el modelo.

Ejemplo: Se ha presentado otra vez porque no ha aprobado el carné de conducir.
→ *No ha aprobado el carné de conducir, así que / por eso se ha presentado otra vez.*

1. Han venido en coche porque han perdido el tren.
→ _____

2. Les ha llevado mucho tiempo porque había atascos.
→ _____

3. No ha podido llamar por teléfono porque no tenía cobertura.
→ _____

4. Viene solo porque Ana está enferma.
→ _____

5. Me alojo en un hotel porque no quiero molestar.
→ _____

6. Hemos llamado a Jorge porque no sabíamos su dirección.
→ _____

7. Se ha hablado en inglés porque había gente de muchas nacionalidades.
→ _____

8. Comen todos juntos porque es la cena de clausura.
→ _____

**227.** Transformar las frases del ejercicio anterior según el modelo (registro...).

Ejemplo: No ha aprobado el carné de conducir, así que / por eso se ha presentado otra vez.
→ ***No ha aprobado el carné de conducir, de ahí que se haya presentado otra vez.***

1. _____
2. _____
3. _____
4. _____
5. _____
6. _____
7. _____
8. _____

**228.** Transformar según el modelo.

Ejemplo: Dice que tiene mucho trabajo, que mañana se levanta temprano.... / No venir → ***O sea, que no viene.***

1. Dicen que hace mal tiempo, que están viendo una película... / No salir
→ _____

2. Dice que está cansado, que es muy tarde... / Marcharse
→ _____

3. Dicen que ya no pueden más, que es insoportable... / Estar hartos
→ _____

4. Dice que la situación es difícil, que no es un buen momento... / No venirle bien
→ _____

**98** ¡DALE A LA GRAMÁTICA! B1

5. Dicen que es un poco caro, que si fuera más barato… / Querer una rebaja
→ _____

6. Dice que no sabe, que aún no ha tomado una decisión… / Estar pensándolo
→ _____

7. Dicen que no han podido llamar, que no han tenido tiempo… / No interesarles
→ _____

8. Dice que su coche es pequeño, que está viejo… / No poder llevarnos
→ _____

**229.** Tachar la respuesta incorrecta.

Ejemplo: Necesitamos una respuesta para mañana, ~~así que~~ / *de ahí que* estemos un poco apurados.

1. Mañana es 21 de marzo, *o sea / por eso que* mañana empieza la primavera.
2. Hago senderismo en los Alpes todos los años, *de ahí que / así que* conozco bien esa zona.
3. Ha vivido muchos años en China, *de ahí que / así que* sepa tanto sobre su cultura.
4. Aprendió el ruso en la universidad, *por eso / o sea* lo estudió durante 5 años.
5. Está jubilado, *de ahí que / por eso* tiene mucho tiempo libre.
6. Es muy joven, *de ahí que / así que* tenga tanta energía.
7. Tiene gripe, *así que / o sea* se ha quedado en casa.
8. Hay mucho tráfico, *así que / por eso* hay tanta contaminación.

### REPASO

**230.** Completar con *así que, por eso, de ahí que, o sea* (a veces, varias posibilidades).

Me he quedado dormido, **así que** no he podido ir a buscarte al aeropuerto. El despertador no sonó, _____ me desperté tan tarde.

Ayer llegué tarde y no tuve tiempo de hacer la compra, _____ la nevera esté vacía. _____ si quieres comer algo, tendrás que bajar.

Por otra parte están de obras en el edificio, _____ no haya ni luz ni agua. _____ que si quieres tomar una ducha, tendrás que esperar.

Estaré en casa como siempre, _____ sobre las ocho.

Bienvenida a casa

# SOLUCIONES

## Capítulo 1

**Ejercicio 1:** 1. Aurora nos mandó el regalo ayer. / Aurora nos lo mandó ayer. - 2. Pedro os felicitó las fiestas con una postal. / Pedro os las felicitó con una postal. - 3. La empresa te pagó todos los gastos. / La empresa te los pagó todos. - 4. El mensajero me dejó la carta en la portería. / El mensajero me la dejó en la portería. - 5. El agente os puso la multa por exceso de velocidad. / El agente os la puso por exceso de velocidad. - 6. El laboratorio te dará los resultados mañana. / El laboratorio te los dará mañana. - 7. La sociedad nos devolverá el dinero mediante un giro bancario. / La sociedad nos lo devolverá mediante un giro bancario. - 8. La agencia me abonará el billete en efectivo. / La agencia me lo abonará en efectivo.

**Ejercicio 2:** 1. A usted no se lo contó todo. - 2. A ti no te lo contó todo. - 3. A ellos no se lo contó todo. - 4. A vosotros no os lo contó todo. - 5. A ustedes no se lo contó todo. - 6. A nosotros no nos lo contó todo. - 7. A ella no se lo contó todo. - 8. A Pedro no se lo contó todo.

**Ejercicio 3:** 1. no nos la negaron. - 2. no se la negaron - 3. no te la negaron. - 4. no se la negaron. - 5. no se la negaron. - 6. no os la negaron. - 7. no se la negaron. - 8. se la negaron.

**Ejercicio 4:** 1. Las azafatas les daban la bienvenida (a los pasajeros) a las puertas del avión. / Las azafatas se la daban a las puertas del avión. - 2. Los porteros no les permitían la entrada (a los menores de edad). / Los porteros no se la permitían. - 3. Los damnificados le pedían ayudas económicas (al gobierno). / Los damnificados se las pedían. - 4. Las compañías les regalaban viajes (a sus mejores clientes). / Las compañías se los regalaban. - 5. El presidente de gobierno le comunicó su decisión (al Jefe del Estado). / El presidente del gobierno se la comunicó. - 6. El tribunal le concedió (al acusado) la libertad condicional. / El tribunal se la concedió. - 7. Las ONG les proporcionaban ayudas (a los afectados más necesitados). / Las ONG se las proporcionaban. - 8. Las compañías les enviaban las facturas (a los usuarios) directamente a sus cuentas. / Las compañías se las enviaban directamente a sus cuentas.

**Ejercicio 5:** 1. A nosotros nos la suben a casa sin cargo. - 2. A ellos todavía no se lo notificaron. - 3. A usted ya se las hemos localizado. - 4. A mí aún no me los han confirmado. - 5. A Julia se las entregaron la semana pasada. - 6. A vosotros no os la dicen. - 7. A ti no te los perdonan. - 8. A ustedes se las cambiarán.

**Ejercicio 6:**  1. Me las ha recetado el médico de guardia. - 2. Nos lo ha presentado Jaime. - 3. Se la ha dado la dirección. - 4. Nos las ha dicho el servicio de información. - 5. Se la han hecho sus mejores amigos. - 6. Se lo he recomendado yo. - 7. Nos los ha regalado mi madre. - 8. Me la ha vendido tu hermano.

**Ejercicio 7:**  1. Se lo acabo de mandar felicitándolo. / Acabo de mandárselo felicitándolo. - 2. Todavía no se la podemos confirmar. / Todavía no podemos confirmársela. - 3. Se los tengo que hacer. / Tengo que hacérselos. - 4. Esta noche os la voy a preparar. / Esta noche voy a preparárosla. - 5. Te los tiene que dar de vuelta. / Tiene que dártelos de vuelta. - 6. Se la acabo de vender. / Acabo de vendérsela. - 7. Se la vamos a dar por su cumpleaños. / Vamos a dársela por su cumpleaños. - 8. Nos lo vamos a regalar. / Vamos a regalárnoslo.

**Ejercicio 8:**  1. Se la vamos a echar a usted. / Vamos a echársela a usted. - 2. Os la vamos a echar a vosotros. / Vamos a echárosla a vosotros. - 3. Se la vamos a echar a ustedes. / Vamos a echársela a ustedes. - 4. Se la vamos a echar a él. / Vamos a echársela a él. - 5. Se la vamos a echar a nuestros vecinos. / Vamos a echársela a nuestros vecinos. - 6. Se la vamos a echar a mis amigos. / Vamos a echársela a mis amigos. 7. Se la vamos a echar a Juan. / Vamos a echársela a Juan. - 8. Nos la vamos a echar a nosotros mismos. / Vamos a echárnosla a nosotros mismos.

**Ejercicio 9:**  1. Se los está diciendo en su idioma. / Está diciéndoselos en su idioma. - 2. Se las estoy explicando. / Estoy explicándoselas. - 3. Te la estamos haciendo para la próxima temporada. / Estamos haciéndotela para la próxima temporada. - 4. Nos lo estamos jugando. / Estamos jugándonoslo. - 5. La competencia os lo está proponiendo. / Está proponiéndooslo. - 6. El entrenador se la está mostrando. / Está mostrándosela. - 7. El proveedor se lo está poniendo difícil. / Está poniéndoselo difícil. - 8. Los clientes nos las están mandando de vuelta. / Están mandándonoslas de vuelta.

**Ejercicio 10:**  1. Nuestra declaración de la renta nos la sigue haciendo la misma gestoría de siempre. / Nuestra declaración de la renta sigue haciéndonosla la misma gestoría de siempre. - 2. Su declaración de la renta se la sigue haciendo la misma gestoría de siempre. / Su declaración de la renta sigue haciéndosela la misma gestoría de siempre. - 3. Tu declaración de la renta te la sigue haciendo la misma gestoría de siempre. / Tu declaración de la renta sigue haciéndotela la misma gestoría de siempre. - 4. Sus declaraciones de la renta se las sigue haciendo la misma gestoría de siempre. / Sus declaraciones de la renta sigue haciéndoselas la misma gestoría de siempre. - 5. Vuestras declaraciones de la renta os las sigue haciendo la misma gestoría de siempre. / Vuestras declaraciones de la renta sigue haciéndooslas la misma gestoría de siempre. - 6. La declaración de la renta de la pareja se la sigue haciendo la misma gestoría de siempre. / La declaración de la renta de la pareja sigue haciéndosela la misma gestoría de siempre. - 7. Nuestras declaraciones de la renta nos las sigue haciendo la misma gestoría de siempre. / Nuestras declaraciones de la renta sigue haciéndonoslas la misma gestoría de siempre. - 8. Vuestra declaración de la renta os la sigue haciendo la misma gestoría de siempre. / Vuestra declaración de la renta sigue haciéndoosla la misma gestoría de siempre.

**Ejercicio 11:** 1. Se la estaba pasando un alto funcionario. / Estaba pasándosela un alto funcionario. - 2. Nos la estuvo cuidando un vecino. / Estuvo cuidándonosla un vecino. - 3. Me lo está preparando una empresa de catering. / Está preparándomelo una empresa de catering. - 4. No me la está decorando nadie. / No está decorándomela nadie. - 5. Nos los está dando un asistente social. / Está dándonoslos un asistente social. - 6. Se lo está pagando el Estado. / Está pagándoselo el Estado. - 7. Se lo está haciendo ella misma. / Está haciéndoselo ella misma. - 8. Te lo está cogiendo Paco. / Está cogiéndotelo Paco.

**Ejercicio 12:** 1. Pregúntaselo. - 2. Pídeselas. - 3. Pásamelos - 4. Hacéosla - 5. Mandádselo - 6. Pónsela - 7. Corregídnoslas. - 8. Dejádmela.

**Ejercicio 13:** 1. Sí, enséñamelo. - 2. Sí, cómprasela. - 3. Sí, dánoslo. - 4. Sí, házmela. - 5. Sí, pónnosla. - 6. Sí, préstaselo. - 7. Sí, dínosla. - 8. Sí, retírasela.

**Ejercicio 14:** 1. Sí, os lo recomendamos. - 2. Sí, se la vendí. - 3. No, no te las conseguimos. 4. No, no se lo puedo decir. / No, no puedo decírselo. - 5. Sí, se la mandé. - 6. No, no nos las leyeron. - 7. Sí, se la hemos devuelto. - 8. Sí, se la he hecho.

**Ejercicio 15:** 1. Se la van a dar a los voluntarios. / Van a dársela a los voluntarios. - 2. Se lo están devolviendo a los que protestan. / Están devolviéndoselo a los que protestan. - 3. Házselo al portador. - 4. No me lo han dado todavía para empezar. - 5. Todavía nos los siguen pagando. / Todavía siguen pagándonoslos. - 6. Se la van a dar a los heridos leves. / Van a dársela a los heridos leves. - 7. Dénselo. - 8. Ya se la han dado a Nuria.

**Ejercicio 16:** 1. No, me la van a dar mañana. / No, van a dármela mañana. - 2. No, se lo voy a recoger mañana. / No, voy a recogérselo mañana. - 3. No, me lo van a abonar mañana. / No, van a abonármelo mañana. - 4. No, nos la van a cargar mañana. / No, van a cargárnosla mañana. - 5. No, se las van a dar mañana. / No, van a dárselas mañana. - 6. No, se las va a pedir mañana. / No, va a pedírselas mañana. - 7. No, nos las van a devolver mañana. / No, van a devolvérnoslas mañana. - 8. No, nos van a llamar mañana. / No, van a llamarnos mañana.

**Ejercicio 17:** 1. Me la ha recomendado un amigo. - 2. Se lo voy a presentar mañana. / Voy a presentárselo mañana. - 3. Se lo va a escribir un periodista. / Va a escribírselo un periodista. - 4. Nos las ha conseguido un amigo escritor. - 5. Me los está haciendo un arquitecto. / Está haciéndomelos un arquitecto. - 6. Nos las está supervisando un amigo aparejador. / Está supervisándonoslas un amigo aparejador. - 7. Se lo traen de Italia. - 8. Se los hacemos llegar por internet.

**Ejercicio 18:** 1. Se lo dijeron ayer. - 2. Nos lo dijeron ayer. - 3. Se lo dijeron ayer. - 4. Me lo dijeron ayer. - 5. Nos lo dijeron ayer. - 6. Me lo dijeron ayer. - 7. Se lo dijeron ayer. - 8. Te lo dijeron ayer.

**Ejercicio 19:** 1. Le han cogido manía. / Se la han cogido. - 2. Le han hecho el vacío. / Se lo han hecho. - 3. Nos han armado un escándalo. / Nos lo han armado. - 4. Me han cantado las cuarenta. / Me las han cantado. - 5. Le han echado una mano. / Se la han echado. - 6. Le han echado un pulso. / Se lo han echado. - 7. Te han llevado la contraria. / Te la han llevado. - 8. Os han puesto mala cara. / Os la han puesto.

**Repaso 20:** te - me - se - se - se - me - se - te - te - te - se - se - me

## Capítulo 2

**Ejercicio 21:** 1. Se hicieron - 2. se marchó / se quedó - 3. se vieron - 4. Se encontraron - 5. se acercó / se llevó - 6. Se contaron - 7. se puso - 8 se volvieron

**Ejercicio 22:** 1. El fin de semana pasado se descubrió el pastel. - 2. El político entrevistado se puso hecho una fiera. - 3. El periodista se mantuvo en sus trece. - 4. En ese momento, en el plató, se armó la gorda. - 5. El presentador no se anduvo por las ramas. - 6. El director del programa se salió con la suya. - 7. El cámara se despidió a la francesa. - 8. El moderador se atiborró de tapas.

**Ejercicio 23:** *Tachar:* 1. se enfadaron - 2. se acabaron - 3. se controla - 4. se pierde - 5. se insultó - 6. se pusieron - 7. se comportan - 8. se fue

**Ejercicio 24:** 1. Es muy caro, no se lo puede permitir. - 2. Siempre se las compone para llegar a fin de mes. No sé cómo hace. - 3. Antes se las arreglaba él solo sin ayuda de nadie. - 4. Si se lo propone, lo puede hacer. - 5. Si no quiere venir, él se lo pierde. - 6. Si se lo toma tan mal, peor para él. - 7. No se lo va a creer: Paula ha ordenado su habitación. - 8. Ya que se las da siempre de listo, no pienso echarle una mano.

**Ejercicio 25:** 1. A nosotros, se nos estropeó el coche en plena autopista. - 2. A Natalia, se le resbaló el florero de las manos. - 3. A ellos, no se les pasó por la cabeza esa solución. - 4. A ti, se te permitió la entrada durante la votación. - 5. Al conferenciante, se le olvidó parte del discurso. - 6. A mí, no se me hizo difícil la vuelta al trabajo en septiembre. - 7. Perdone, se le cayó a usted esto del bolso. - 8. A ustedes, se les puso cara de pocos amigos cuando se enteraron.

**Ejercicio 26:** 1. Se habla de cierto peligro para las personas. - 2. Se comenta que ciertas zonas costeras van a estar afectadas. - 3. Se recomienda que permanezcamos en casa. - 4. Se aconseja también cerrar bien las ventanas. - 5. Se sugiere retirar las macetas de balcones y ventanas. – 6. Se señala no obstante que la situación no es muy grave. - 7. Se comunica que son normas de sentido común. - 8. Se anuncia que el tiempo mejorará en 24 horas.

**Ejercicio 27:** 1. se tapea - 2. se puede - 3. se recorre - 4. se accede - 5. se canta / se baila - 6. se construye - 7. se viste - 8. se vive

**Ejercicio 28:** 1. Se abre a las 10 de la mañana. - 2. Se cierra a las 7 de la tarde. - 3. Se empieza a trabajar a los 25 años. - 4. Se deja de trabajar a los 65 años. - 5. Se va a comer a la 1 de la tarde. - 6. Se vuelve de comer a las 2 de la tarde. - 7. Se lleva haciendo este programa desde 1995. - 8. Se está representando desde hace 25 años.

**Ejercicio 29:** 1. Se afirma con rotundidad hoy lo que se niega mañana. - 2 Se funciona con lógica, pero no es suficiente. - 3. Algunas veces se supone más que se sabe. - 4. Se está todavía en los inicios de la era espacial. - 5. Sin embargo no se puede sobrevivir sin ese conocimiento. - 6. Se tiene, pues, que avanzar para encontrar soluciones. - 7. Se reconoce de manera unánime que es vital para la humanidad. - 8. ¿Se alcanzará el objetivo? Esa es la pregunta.

**Ejercicio 30:** 1. Se extiende la masa en un molde apropiado. - 2. Se le echa el bacón y el queso *gruyere* rallado por encima. - 3. Se baten los huevos y se les añade la nata. - 4. Se pone un poco de sal, pimienta y nuez moscada. - 5. Se mezcla todo y se mete en el horno. - 6. Se gira el molde a mitad de cocción. - 7. Se saca del horno tras 30 minutos y se deja reposar. - 8. Se sirve con una ensalada.

**Ejercicio 31:** 1. c - 2. a - 3. g - 4. h - 5. b - 6. e - 7. d - 8. f

**Ejercicio 32:** *Tachar:* 1. se recibieron - 2. se pidió - 3. se alquiló - 4. se han liquidado - 5. Se llevaron - 6. Se cometió - 7. Se obligaron - 8. se canceló

**Ejercicio 33:** 1. Se erige para conmemorar la batalla de San Quintín contra los franceses. - 2. Se crea como monasterio, residencia y panteón real. - 3. Para su emplazamiento, se escoge una pequeña aldea cuyo nombre es El Escorial, a 50 km de Madrid. - 4. En 1563, se coloca la primera piedra. - 5. En 1584, se terminan las obras. - 6. Se considera como el mejor ejemplo del estilo herreriano. - 7. Se conoce como *Monasterio de San Lorenzo de El Escorial* o simplemente *El Escorial*. - 8. Desde hace siglos ya no se utiliza como residencia real.

**Ejercicio 34:** 1. Su constitución se ratificó un año más tarde, en 1946. - 2. Su sede actual en París se inauguró en 1958. - 3. El primer proyecto de grandes dimensiones se lanzó en 1960, en Abu Simbel. - 4. La convención del Patrimonio Mundial se creó en 1972. - 5. El primer monumento español se inscribió en 1984. - 6. Se declararon Patrimonio de la Humanidad varios monumentos españoles, entre ellos, la Mezquita de Córdoba y la Alhambra de Granada. - 7. Se nombró secretario general a Federico Mayor Zaragoza en 1987. - 8. Se volvió a considerar miembro de la UNESCO a EEUU en 2003.

**Ejercicio 35:** 1. Una vez en tierra, se los recibió de mala manera. - 2. A Javier, se le ignoró cuando fue a protestar. - 3. Y a ti, se te invitó a callar. - 4. ¿Se le agredió en algún momento? - 5. No se me agredió pero sí se me empujó. - 6. ¿Se les alojó en un hotel? - 7. Ni se nos alojó ni se nos invitó a tomar nada. - 8. ¿Se les indemnizó a los turistas por el caso?

**Ejercicio 36:** 1. Se me aplicó el boca a boca. - 2. Se me trasladó a un dispensario. - 3. Se nos recetó aspirinas. - 4. Se nos llevó en ambulancia. - 5. Se nos envió un enfermero. - 6. Sí, se nos asignó un médico de cabecera. - 7. Todavía no se nos comunicó la dirección del ambulatorio. - 8. Se nos trató relativamente bien.

**Ejercicio 37:** 1. Se lo colgaron. - 2. Se la cerraron en las narices. - 3. Se la echaron. - 4. Se lo pusieron morado. - 5. Se la dieron todo el día. - 6. Se lo tomaron. - 7. Se las cortaron. - 8. Se lo dieron.

**Ejercicio 38:** 1. Se lo devolvieron un mes después. - 2. Se los llevaron a sus casas. - 3. Se las regalaron para sus cumpleaños. - 4. Se la entregaron en mano. - 5. Se los compró su familia. - 6. Se lo mandaron por barco. - 7. Se las compramos negras. - 8. Se lo pedí a Paula.

**Repaso 39:** 1. Se aceptó la propuesta. - 2. No se sabe todavía cuando será oficial. - 3. Primero se publicará en la prensa. - 4. Luego los profesores se los dirán a todos los alumnos. - 5. Todos los formularios se tienen que presentar antes de fin de año. - 6. Se tiene que rellenar un formulario por persona. - 7. Los resultados se conocerán a primeros de año. - 8. A los elegidos se la enviarán por correo certificado.

**Repaso 40:** se lo tienes que decir / tienes que decírselo - ocultárselo - tomárselo - comentárselo - se puede - Se debe - a Pedro como Penélope se les grabó - se castiga - se publica - a todo el mundo se le informa - se le engañó - se puede

# Capítulo 3

**Ejercicio 41:** 1. El electricista que no pudo venir es muy bueno. - 2. La bombilla que está en el cuarto de baño está fundida. - 3. El fontanero que vive cerca de aquí trabaja muy bien. - 4. El grifo que no funciona es este. - 5. El carpintero que vino el año pasado está de vacaciones. - 6. La madera que me gusta mucho es muy cara. - 7. El cerrajero que está jubilado era de confianza. - 8. La cerradura que no cierra bien es la de la bodega.

**Ejercicio 42:** 1. Utilizamos siempre aceite de oliva que cultivamos nosotros mismos. - 2. A la vinagreta le añado una cucharadita de mostaza que traigo de Dijon. - 3. Esta es la pimienta que utilizo para todo. - 4. Aquí tienes el azafrán que hay que echar en la paella. - 5 Estoy preparando la mayonesa que voy a servir con las gambas.

- 6. En estos platitos, pon las aceitunas y los pepinillos que ponemos de aperitivo. - 7. Ya he hecho la sopa de ajo blanco que voy a poner de primero. - 8. Todavía no he hecho el gazpacho que me pidió Ana expresamente.

**Ejercicio 43:** *Tachar:* 1. quien - 2. que - 3. que - 4. que - 5. quien - 6. que - 7. que - 8. que

**Ejercicio 44:** 1. que - 2. quien - 3. quienes - 4. que - 5. quien - 6. que - 7. que - 8. quienes

**Ejercicio 45:** 1. a. que - 2. b. quien - 3. b. quien - 4. a. que - 5. b. quien - 6. a. que - 7. a. que - 8. b. quien

**Ejercicio 46:** 1. Me he cruzado por la calle con las actrices a quienes vimos ayer en el teatro. - 2. *No es posible.* - 3. *No es posible.* - 4. Hemos hablado con el disc-jockey a quien contrataron para la fiesta. - 5. Nacho y Paco son los representantes a quienes vosotros mismos elegisteis. - 6. *No es posible.* - 7. Eran dos personas a quienes considerábamos amigos y de fiar. - 8. *No es posible.*

**Ejercicio 47:** *Tachar:* 1. el / la / las - 2. el / la / los - 3. el / los / las - 4. la / los / las : del - 5. la / los / las : al - 6. el / la / los - 7. el / la / las - 8. el / los / las

**Ejercicio 48:** 1. que - 2. los que - 3. que - 4. que - 5. el que - 6. la que - 7. los que - 8. que

**Ejercicio 49:** 1. Los guionistas de los que hablaban ganaron un premio en Cannes. - 2. Los actores se quejaron de la directora con la que trabajaban. - 3. El actor al que propusieron el papel principal no pudo aceptar. - 4. Los extras con los que contaban llegaron tarde o no llegaron. - 5. El productor, al que el director acusa de incumplimiento de contrato, no ha hecho declaraciones. - 6. El empresario estaba dispuesto a seguir adelante con los que aceptaban sus proposiciones. - 7. El cámara no se hablaba con la actriz principal a la que denunció por acoso sexual. - 8. Las acomodadoras, a las que nadie tenía en cuenta, hicieron una huelga.

**Ejercicio 50:** 1. *No es posible.* - 2. El ingeniero con quien contaba todo el mundo ha declinado la oferta. - 3. *No es posible.* - 4. Los aparejadores con quienes han contactado ya están trabajando. - 5. *No es posible.* - 6. Los obreros de quienes dispone la empresa son cualificados. - 7. El jefe de obra, de quien se tienen buenas referencias, es extranjero. - 8. *No es posible.*

**Ejercicio 51:** 1. El escritor no vendrá para firmar el libro que acaban de publicar. - 2. El librero, a quien el escritor llamó para comunicarlo, no está muy contento. - 3. La gente, a quien el librero había distribuido invitaciones, se desplazó sin motivo. - 4. El librero anuló un cóctel que estaba previsto. - 5. Los invitados, a quienes les habían prometido un autógrafo y, sobre todo, un cóctel, llegaron en masa. - 6. Los invitados, que no se lo podían creer, estaban furiosos. - 7. El librero, que estaba empezando a ponerse un poco nervioso, se deshacía en excusas. - 8. La gente, a quien el personal de seguridad trataba de calmar, se negó a abandonar la librería.

**Ejercicio 52:** 1. Los ladrones de quienes hablaba la prensa estaban bien organizados. - 2. El hombre a quien describió el joyero iba encapuchado. - 3. La mujer a quien secuestraron los atracadores estaba enferma del corazón. - 4. Dos mujeres con quienes venían los delincuentes esperaban en el coche. - 5. Dos hombres a quienes un transeúnte vio pasar corriendo llevaban una bolsa en la mano. - 6. Una mujer a quien iban acompañando los hombres lloraba. - 7. Un grupo de personas a quien un camarero sirvió café tenía armas. - 8. Varias personas a quienes en su huída los ladrones atropellaron esperaban el autobús.

**Ejercicio 53:** 1. Los ladrones de los que hablaba la prensa estaban bien organizados. - 2. El hombre al que describió el joyero iba encapuchado. - 3. La mujer a la que secuestraron los atracadores estaba enferma del corazón. - 4. Dos mujeres con las que venían los delincuentes esperaban en el coche. - 5. Dos hombres a los que un transeúnte vio pasar corriendo llevaban una bolsa en la mano. - 6. Una mujer a la que iban acompañando los hombres lloraba. - 7. Un grupo de personas al que un camarero sirvió café tenía armas. - 8. Varias personas a las que en su huída los ladrones atropellaron esperaban el autobús.

**Ejercicio 54:** 1. La aldea en la cual se instalaron debe tener 20 habitantes. - 2. Los vecinos con los cuales tratan son campesinos, en su mayoría gente mayor. - 3. Las fiestas locales en las cuales participan son de otra época. - 4. La carretera por la cual se accede al pueblo es un camino de cabras. - 5. Este lugar en el cual viven es el que siempre habían soñado. - 6. Este sueño por el cual han luchado siempre por fin se ha realizado. - 7. Los amigos a los cuales mandan invitaciones van y no vuelven. - 8. Sus familiares con los cuales tienen un buena relación tampoco vuelven.

**Ejercicio 55:** 1. Nunca olvidaré los lugares donde estuve. - 2. Siempre recordaré el modo como fui recibido. - 3. Me acordaré también del día cuando llegué. - 4. El pueblo donde vivimos estaba en la selva amazónica. - 5. La forma como se relacionaban era diferente de la nuestra. - 6. Recuerdo el momento cuando vimos por primera vez el poblado. - 7. La manera como se desarrolló el primer encuentro fue muy graciosa. - 8. La parte de la selva donde se encontraba el poblado estaba cerca de Ecuador.

**Ejercicio 56:** 1. La bocacalle en donde te esperé había mucha circulación. - 2. El barrio por donde pasé está en la parte alta de la ciudad. - 3. La boca de metro en donde nos encontramos estaba cerca de su casa. - 4. La alameda en donde hay especies tropicales está en el centro. - 5. El paso de peatones por donde cruza todos los días no está bien señalizado. - 6. El parque por donde paseamos está cerrado al público por las noches. - 7. Los garajes de donde salen esas motos tienen video vigilancia. - 8. Las plazas de garaje en donde guardan los coches son grandes y tienen un trastero.

**Ejercicio 57:** *Tachar:* 1. el que - 2. lo que - 3. Lo que - 4. El que - 5. Lo que - 6. el que - 7. el que - 8. Lo que

**Ejercicio 58:** 1. los que - 2. las que - 3. la que - 4. el que - 5. el que - 6. las que - 7. la que - 8. los que

**Repaso 59:** 1. Lo que - 2. donde / en el que - 3. en la que / donde - 4. el que / quien - 5. quien / el que - 6. quienes / los que - 7. como / en la que - 8. la que

**Repaso 60:** que - al que - que - quien - la que - lo que - donde - del que - las que - la que - la que - que

# Capítulo 4

**Ejercicio 61:** 1. probaré - 2. tratarás - 3. intentará - 4. pareceremos - 5. seréis - 6. verán - 7. oirá - 8. recibirán

**Ejercicio 62:** 1. e - 2. c - 3. d - 4. f - 5. a - 6. b - 7. d - 8. b

**Ejercicio 63:** 1. sabré - 2. tendrás - 3. habrá - 4. pondremos - 5. podréis - 6. cabrán - 7. deshará - 8. retendrán

**Ejercicio 64:** 1. c - 2. e - 3. h - 4. g - 5. a - 6. b - 7. d - 8. f

**Ejercicio 65:** *Tachar:* 1. presentaré - 2. firmarás - 3. aceptaréis - 4. comprenderemos - 5. traduciré - 6. Miraréis - 7. Leeremos - 8. tomaré

**Ejercicio 66:** 1. volverá / volverán - 2. verá / verán - 3. permitirá / permitirán - 4. soportará / soportarán - 5. aguantará / aguantarán - 6. tolerará / tolerarán - 7. aceptará / aceptarán - 8. cambiará / cambiarán

**Ejercicio 67:** 1. Harás / Haréis - 2. Querrás / Querréis - 3. Vendrás / Vendréis - 4. Saldrás / Saldréis - 5. Sabrás / Sabréis - 6. Dirás / Diréis - 7. Pondrás / Pondréis - 8. Podrás / Podréis

**Ejercicio 68:** 1. Hará - 2. podrá - 3. cabrá - 4. estará - 5. vendrá - 6. querrá - 7. Habrá - 8. será

**Ejercicio 69:** 1. Todavía no sé lo que le compraré. - 2. De momento no le diremos nada. - 3. ¿Qué harás durante las vacaciones? - 4. ¿Iréis al extranjero? - 5. ¿Qué pondrá de cena? - 6. Lo sabremos muy pronto. - 7. Será una cena fría a base de tapas. - 8. Vendrán sólo los amigos íntimos y algunos familiares.

**Ejercicio 70:** 1. pasará - 2. dormiréis - 3. podré - 4. sentirás - 5. se escucharán - 6. cabremos - 7. aprobarás - 8. suspenderá

**Ejercicio 71:** 1. Si controlas la velocidad, esquiarás mejor. - 2. Si ponen la música alta, molestarán a los vecinos. - 3. Si privilegiáis el transporte público, haréis un gesto ecológico. - 4. Si coge el metro temprano, habrá menos gente. - 5. Si vas una vez a ese país, querrás volver. - 6. Si prueban los helados de aquí, repetirán. - 7. Si compra en rebajas, todo le saldrá más barato. - 8. Si salgo a la calle, tendré que coger un paraguas.

**Ejercicio 72:** 1. En Febrero alquilaré un estudio en la montaña. - 2. El invierno que viene creo que cogerán un monitor de esquí. - 3. En agosto te quedarás muy solo durante las vacaciones. - 4. En verano creo que me gustará estar un poco solo. - 5. La semana que viene pasearé, iré a exposiciones y saldré a cenar. - 6. El mes que viene habrá poca gente, así que no tendrás problema. - 7. El fin de semana que viene haréis lo que queráis. - 8. En Navidad podrá usted dormir y descansar durante 3 semanas.

**Ejercicio 73:** 1. No, lo cambiaremos en cuanto podamos. - 2. No, saldrá un día de estos. - 3. No, iremos pasado mañana. - 4. No, lo probaré mañana. - 5. No, lo arreglaré la semana que viene. - 6. No la recibiremos esta tarde. - 7. No, lo pondremos el sábado que viene. - 8. No, lo instalarán el fin de semana.

**Ejercicio 74:** 1. llegaremos - 2. te irás - 3. saldrá - 4. tendréis - 5. estará - 6. llevará - 7. sabrán - 8. pondremos

**Ejercicio 75:** 1. Vale, te lo haré. - 2. Vale, me lo serviré. - 3. Vale, se las daré. - 4. Vale, lo tendré. - 5. Vale, me la pondré. - 6. Vale, se la preguntaré. - 7. Vale, se la pediré. - 8. Vale, se lo diré.

**Ejercicio 76:** 1. Serán las siete de la tarde. - 2. A estas horas estarán en casa. - 3. Hoy habrá mucha gente en la calle. - 4. Tendrán mucha prisa. - 5. Saldrá tarde del trabajo. - 6. Entrarán temprano. - 7. Abrirán a las ocho más o menos. - 8. No verá la televisión.

**Ejercicio 77:** 1. Estará enfermo. - 2. Tendrá hambre. - 3. No les gustará. - 4. No le interesará. - 5. No les apetecerá. - 6. Habrá mucha gente en las tiendas - 7. Querrá algo. - 8. Alguien se mudará.

**Ejercicio 78:** 1. lloverá - 2. hará - 3. nevará - 4. helará - 5. habrá - 6. saldrá - 7. será - 8. mejorará

**Ejercicio 79:** 1. Sí, seguro que la aceptará. - 2. Sí, seguro que lo ganaremos. - 3. Sí, seguro que lo conseguiremos. - 4. Sí, seguro que las pondrán. - 5. Sí, seguro que los resolveré. - 6. Sí, seguro que serás capaz. - 7. Sí, seguro que estaré. - 8. Sí, seguro que llegaremos.

**Ejercicio 80:** 1. Pues estarás agotado, pero no paras. - 2. Pues tendrá mucho dinero, pero no se nota. - 3. Pues habrá poca gente, pero no se puede entrar. - 4. Pues hablarán inglés, pero no se les entiende nada. - 5. Pues os gustará mucho el traje, pero le queda fatal. - 6. Pues no te interesará mucho el fútbol, pero no te pierdes ni un partido. - 7. Pues saldrá poco, pero nunca está en casa. - 8. Pues se comerá muy bien, pero hoy no es el caso.

**Reapso 81:** Saldremos - llegaremos - cogeremos - cabremos - me enteraré - estaremos - tendremos - haré - les llevaré - ahorraremos - podremos - será - caminaremos - entraremos - visitaremos - comeremos - haremos - pararemos - Nos levantaremos - nos acostaremos - dormiremos - iré - se quedarán - irán - Vendrás - tendrás - haré

# Capítulo 5

**Ejercicio 82:** 1. sería - 2. estarías - 3. iría - 4. oiríamos - 5. gobernaríais - 6. conocerían - 7. seguiría - 8. cambiarían

**Ejercicio 83:** 1. c - 2. b - 3. c - 4. a - 5. d - 6. e - 7. c - 8. e

**Ejercicio 84:** 1. diría - 2. tendrías - 3 querría - 4. pondríamos - 5. vendríais - 6. cabrían - 7. reharía - 8. detendrían

**Ejercicio 85:** 1. c - 2. h - 3. e - 4. a - 5. b - 6. d - 7. f - 8. g

**Ejercicio 86:** 1. Compondría... - 2. Escribirían... - 3. Sería... - 4. Dirigiríamos... - 5. Harías... - 6. Contrataríais... - 7. Adaptarían... - 8. Se estrenaría...

**Ejercicio 87:** *Tachar:* 1. preferirían - 2. preferiríais - 3. estaría - 4. aceptarían - 5. conformaríamos - 6. tendrías - 7. pondría - 8. saldríamos

**Ejercicio 88:** 1. podrías - 2. nos quedaríamos - 3. se iría - 4. tendríais - 5. llegaría - 6. serían - 7. se daría - 8. te apurarías

**Ejercicio 89:** 1. Cambiaría los horarios. - 2. Propondríamos trabajar de mañana solamente. - 3. Nos gustaría trabajar en la comunicación. - 4. Ganaríamos tiempo libre. - 5. Haríamos deporte. - 6. Practicaría el ciclismo y la natación. - 7. Perderíamos probablemente dinero. - 8. Estaríamos dispuestos con alguna reserva.

**Ejercicio 90:** 1. Tienes un seguro a todo riesgo, si no tendrías que pagar. - 2. Hacemos las reservas con antelación, si no pagaríamos mucho más. - 3. Tienen acuerdos con alguna cadena hotelera, si no no conseguirían semejantes precios. - 4. No dedicáis suficiente tiempo a la expresión oral, si no hablaríais mejor. - 5. Ni escucha ni lee las noticias, si no estaría enterado. - 6. Prefiero no enterarme, si no me preocuparía inútilmente. - 7. Vive en un mundo virtual, si no no diría esas cosas tan extrañas. - 8. Tienes suerte de trabajar por tu cuenta, si no ya no estarías en la empresa.

**Ejercicio 91:** *Tachar:* 1. quedaríais - 2. comprarías - 3. vendría - 4. podríamos - 5. haría - 6. bañaríamos - 7. vivirías - 8. serían

**Ejercicio 92:** 1. harías - 2. pediría - 3. diríais - 4. contaríamos - 5. Conocerían - 6. podrían - 7. Tendrías - 8. buscaría

**Ejercicio 93:** *Tachar:* 1. llamarías - 2. habrían - 3. anotaría - 4. pondrías - 5. sacaríamos - 6. haría - 7. pasarían - 8. vendría

**Ejercicio 94:** 1. La alarma no funcionaría. - 2. Supongo que vosotros estaríais durmiendo. - 3. Tú tendrías mucho sueño porque no te enteraste. - 4. Habría tres o cuatro coches de bomberos y de policía. - 5. Nosotros estaríamos saliendo de casa. - 6. Usted acabaría de acostarse. - 7. Los bomberos llegarían rápidamente. - 8. La policía desconectaría la alarma.

**Ejercicio 95:** 1. Serían - 2. haríais - 3. Tendría - 4. molestaría - 5. Podría - 6. importaría - 7. harían - 8. Seríais

**Ejercicio 96:** 1. Yo contestaría con ironía. - 2. Yo replicaría con tranquilidad. - 3. Yo respondería con humor. - 4. Yo actuaría con sangre fría. - 5. Yo obraría con serenidad. - 6. Yo reaccionaría con justicia. - 7. Yo hablaría con franqueza. - 8. Yo la haría con diplomacia.

**Ejercicio 97:** 1. Deberíais - 2. Sería - 3. Tendríamos - 4. Habría - 5. Podrían - 6. Haría - 7. Conseguiríais - 8. Estarían

**Ejercicio 98:** 1. Pues sería estupenda, pero la mitad de la sala se salió. - 2. Pues serían jóvenes y guapos, pero hace años. - 3. Pues estarías muy relajada, pero no parabas de hablar, de gesticular, de gritar... - 4. Pues encajaría muy bien la separación, pero no para de hablar de ella. - 5. Pues quedarían como amigos, pero se ponen verdes. - 6. Pues formarían una pareja ideal, pero no paraban de discutir. - 7. Pues llamaría la atención por su inteligencia, pero lo disimulaba muy bien. - 8. Pues estaría muy enamorada de él, pero se fue con otro.

**Ejercicio 99:** 1. ¿Cuándo la presentaría? - 2. ¿Cuándo las cambiaríais? - 3. ¿Cuándo los harían? - 4. ¿Cuándo lo pedirías? - 5. ¿Cuándo os lo compraríais? - 6. ¿Cuándo la abrirían? - 7. ¿Cuándo me lo mandarías? - 8. ¿Cuándo las sacaría?

**Ejercicio 100:** 1. Lo haríamos de buena gana, pero no tenemos dinero. - 2. Lo practicaría de buena gana, pero no puedo. - 3. Jugarían de buena gana, pero no hay cancha libre. - 4 Iríamos de buena gana, pero es muy caro. - 5. Saldríamos de buena gana, pero no tenemos vacaciones. - 6. Esquiaría de buena gana, pero todo está completo. - 7. Asistiríamos de buena gana, pero no hay entradas. - 8. Jugaría de buena gana, pero va a ser un poco difícil.

**Repaso 101:** deberías - tendríais - conseguirían - lograría - diría - harían - prohibiría - autorizaría - metería - retiraría - sacaría - mentirían - Sería - diría - podríamos - podría - Nos creeríamos - sabría - situaría - sería - permitiría - estaríamos

## Capítulo 6

**Ejercicio 102:** 1. Antes, solíamos alquilar un apartamento en la playa. - 2. Solían pasar allí la mayor parte del verano. - 3. Solía bañarme muy temprano por la mañana. - 4. No solíais volver a la playa durante el resto del día. - 5. Ahora, sin embargo, solemos ir a la montaña. - 6. Suelen hacer senderismo entre cuatro y cinco horas casi todos los días. - 7. Suele recibir a varios amigos durante el verano. - 8. Soléis ir siempre al mismo pueblo.

**Ejercicio 103:** 1. Cuando era pequeño, solía ir al colegio en bicicleta. - 2. Suelo ir a la universidad en autobús o en metro. - 3. Suelo practicar el ciclismo. - 4. Solemos tomar café. - 5. Nos solía atender Pedro. - 6. Solía viajar con *Iberia*. - 7. Solía hacer la reserva en clase turista. - 8. Me solía llevar mi padre.

**Ejercicio 104:** 1. Ahora ya no comemos carne, pero antes solíamos comer más. - 2. Ahora ya no ponen anuncios, pero antes solían poner más. - 3. Ahora se va poco al cine, pero antes se solía ir más. - 4. Ahora ya no dais cenas en casa, pero antes solíais dar más. - 5. Ahora ya no hacemos vida social, pero antes solíamos hacer más. - 6. Ahora apenas se relacionan, pero antes se solían relacionar más. - 7. Ahora ya no me lo cruzo por la calle, pero antes solía cruzármelo más. - 8. Ahora apenas hay correo, pero antes solía haber más.

**Ejercicio 105:** 1. Este año volveremos a ir a Cuzco y a Machu Picchu. - 2. El mes pasado volvieron a estar en el desierto de Atacama. - 3. Esta semana tiene que volver a viajar a la Riviera Maya. - 4. Mañana mismo volvería a hacer el viaje a la Patagonia. - 5. Este año hemos vuelto a veranear en la Costa del Sol. - 6. Este verano volveré a pasar 15 días en la isla Margarita. - 7. Este año volverán a visitar el lago Titicaca pero por el lado boliviano. - 8. Hoy mismo volvería a coger el avión para ir al Amazonas.

**Ejercicio 106:** 1. Estuve una vez en su casa, pero no he vuelto a estar. - 2. Coincidimos una vez, pero no hemos vuelto a coincidir. - 3 Hablasteis del tema una vez, pero no volvisteis a hablar. - 4. Me invitó una vez a una fiesta de fin de año, pero no me volvió a invitar. - 5. Cambiaste de trabajo una vez, pero no volviste a cambiar. - 6. Llamaron una vez, pero no volvieron a llamar. - 7. Jugué una vez al hockey, pero no volví a jugar. - 8. Preguntaron una vez por su salud, pero no volvieron a preguntar.

**Ejercicio 107:** 1. No, no volveré a hablar del asunto. - 2. No, no volveré a abordar el problema. - 3. No, no volveremos a darle otra oportunidad. - 4. No, no volveremos a poner trabas. - 5. No, no volverá a salir en la prensa. - 6. No, no volverán a emitir el programa. - 7. No, no volveré a escribir artículos en los periódicos. - 8. No, no volveremos a colaborar.

**Ejercicio 108:** 1. Hemos dejado de vernos tanto. - 2. He dejado de hacer deportes de riesgo. - 3. Ha dejado de importarle lo que digan. - 4. Han dejado de conducir por seguridad. - 5. ¿Habéis dejado de hablaros? - 6. ¿Has dejado de utilizar las redes sociales? - 7. He dejado de coleccionar sellos. - 8. Hemos dejado de ir a las exposiciones por las colas.

**Ejercicio 109:** 1. dejamos de ir - 2. dejaron de interesar - 3. dejó de hacer - 4. dejó de gustarme - 5. dejaron de hablar - 6. dejasteis de comprar - 7. dejaste de leer - 8. dejamos de admirar

**Ejercicio 110:** 1. Sí, nunca dejamos de escribir cuentos. - 2. Sí, nunca dejé de pintar retratos. - 3. Sí, nunca dejaron de dibujar comics. - 4. Sí, nunca dejé de diseñar vestuarios. - 5. Sí, nunca dejaron de editar poesía. - 6. Sí, nunca dejó de componer música. - 7. Sí, nunca dejé de producir películas. - 8. Sí, nunca dejamos de esculpir en piedra.

**Ejercicio 111:** 1. me puse a llorar - 2. se puso a roncar - 3. os ponéis a criticar - 4. se pusieron a hablar - 5. te pones a llamar - 6. nos pusimos a buscar - 7. se puso a dar - 8. me puse a ordenarlo

**Ejercicio 112:** 1. Estaba tranquilo y, de repente, se puso a gritar como un loco. - 2. Estabas callado y, de repente, te pusiste a hablar por los codos. - 3. Estabais bien y, de repente, os pusisteis a protestar por todo. - 4. Estaban inmóviles y, de repente, se pusieron a bailar frenéticamente. - 5. Estábamos hablando y, de repente, nos pusimos a discutir por tonterías. - 6. Estaba pagando en la caja y, de repente, se puso a contarle su vida a la cajera. - 7. Estaban dando un paseo y, de repente, se pusieron a correr. - 8. Estaban entusiasmados con la casa y, de repente, se pusieron a sacarle defectos.

**Ejercicio 113:** 1. Llevan saliendo juntos dos años. - 2. Lleva compartiendo piso algunos meses. - 3. Llevo asistiendo a esta clase dos meses. - 4. Llevamos viéndonos más a menudo desde hace dos años. - 5. Llevan entrenándose en el mismo gimnasio desde siempre. - 6. Lleváis participando en ese torneo desde el principio. - 7. Llevo jugando en el mismo equipo desde pequeño. - 8. Llevas compitiendo conmigo desde la primavera pasada.

**Ejercicio 114:** 1. Llevamos practicando el rugby desde niños. - 2. Me llevo dedicando a la escalada desde los 15 años. - 3. Llevamos jugando al balonmano desde el colegio. - 4. Llevamos montando a caballo desde los 10 años. - 5. Llevamos corriendo con motos desde que nos conocemos. - 6. Llevo compitiendo en la Fórmula 1 desde los 18 años. - 7. Llevo entrenando el equipo desde el año pasado. - 8. Llevamos bailando ballet clásico desde los 6 años.

**Ejercicio 115:** 1. ...y lleva años calcetándolos. - 2. ...y llevamos años haciéndolo. - 3. ...y llevas años bordándolos. - 4. ...y lleváis años tejiéndolas. - 5. ...y llevan años diseñándolos. - 6. ...y llevo años cosiéndolos. - 7. ...y llevamos años cortándolos. - 8. ...y llevas años confeccionándola.

**Ejercicio 116:** 1. Llevamos sin salir de gira la tira de tiempo. - 2. Llevas sin venir a los ensayos un montón de tiempo. - 3. Lleváis sin ensayar con el grupo un mogollón de tiempo. - 4. Llevamos sin actuar fuera de la ciudad una eternidad. - 5. Llevan sin llamarles para actuar una pasada de tiempo. - 6. Lleva sin sacar disco nuevo cantidad de tiempo. - 7. Lleváis sin cantar en público muchísimo tiempo. - 8. Llevas sin dar entrevistas a la prensa siglos.

**Ejercicio 117:** 1. Como están en el paro, llevan un año sin trabajar. - 2. Como estoy de noche, llevo una semana sin dormir bien. - 3. Como estamos de obras en casa, llevamos unos días sin limpiarla. - 4. Como está a favor de la comida vegetariana, lleva años sin comer carne. - 5. Como estás en contra de las sodas, llevas mucho tiempo sin beber sodas. - 6. Como están hartos el uno del otro, llevan algunos meses sin verse. - 7. Como estamos de paso casi siempre, llevamos meses sin coincidir. - 8. Como estáis a gusto, lleváis algún tiempo sin protestar.

**Ejercicio 118:** 1. Lleváis mucho tiempo sin criticarlo. - 2. Llevan mucho tiempo sin ponerla verde. - 3. Llevas mucho tiempo sin hablar mal de ella. - 4. Llevamos mucho tiempo sin meternos con él. - 5. Llevabais mucho tiempo sin quitarle la piel. - 6. Llevaba mucho tiempo sin hacer comentarios de ellos. - 7. Llevábamos mucho tiempo sin despellejarlos. - 8. Llevabas mucho tiempo sin desacreditarlo.

**Ejercicio 119:** 1. Estábamos tan cansados que estuvimos a punto de dormirnos. - 2. Iba tan ensimismado que estuvo a punto de tener un accidente. - 3. Estabas tan nervioso que estuviste a punto de descubrir el secreto. - 4. Estabais tan retrasados que estuvisteis a punto de perderos la presentación. - 5. Tenía tanta prisa que estuve a punto de olvidarme de la maleta. - 6. Comían tan deprisa que estuvieron a punto de atragantarse. - 7. Tenía tanto miedo que estuvo a punto de salir corriendo. - 8. Soy tan despistado que estuve a punto de meterme en otro coche.

**Repaso 120:** No suelo hablar - estuve a punto de salir - no lo volveré a hacer - llevo meses esperando este momento - llevo una semana sin dormir - dejé de prestarle - Me puse - volver a hacerlo

**Repaso 121:** Hemos dejado de tener - hemos dejado de vivir - solemos enviarnos - Llevaba bastante tiempo buscando - se puso a - estuvo a punto de renunciar - llevaba un año y medio sin encontrar - nos volveremos a juntar

## Capítulo 7

**Ejercicio 122:** 1. acabe - 2. termines - 3. finalice - 4. empleemos - 5. utilicéis - 6. usen - 7. castigue - 8. multen

**Ejercicio 123:** 1. d/f/h - 2. a - 3. d/f/h - 4. c - 5. b - 6. e/g - 7. d/f/h - 8. e/g

**Ejercicio 124:** 1. cuente - 2. te sientes - 3. vuelva - 4. pidamos - 5. sirváis - 6. quieran - 7. prefiera - 8. duerman

**Ejercicio 125:** 1. hacer - 2. decir - 3. saber - 4. traer - 5. ir - 6. oír - 7. salir - 8. conocer

**Ejercicio 126:** 1. ...encendáis... - 2. ...devolváis... - 3. ...contéis vuestra... - 4. ...comencéis... - 5. ...corrijáis... - 6. ...repitáis... - 7. ...os riáis... - 8. ...os sintáis...

**Ejercicio 127:** 1. Quizá sepamos algo mañana. - 2. Posiblemente tengas novedades mañana. - 3. Tal vez os enteréis del desenlace mañana. - 4. Quizás vaya mañana a ver la película. - 5. Tal vez venga Pablo conmigo. - 6. Posiblemente se encuentren en la puerta del cine. - 7. Quizá esté cerrado por vacaciones. - 8. Posiblemente haya otro restaurante cerca.

**Ejercicio 128:** 1. Es probable que conozca otras costumbres. - 2. Es probable que tengáis hambre. - 3. Es probable que comas antes. - 4. Es probable que estemos cansados. - 5. Es probable que salga antes. - 6. Es probable que venga en metro. - 7. Es probable que se equivoquen de calle. - 8. Es probable que me vaya pronto.

**Ejercicio 129:** 1. os divirtáis - 2. pasen - 3. disfrute - 4. vaya - 5. te mejores - 6 seáis - 7. vuelvan - 8. se caiga

**Ejercicio 130:** 1. tenga - 2. encuentres - 3. aprobéis - 4. quepamos - 5. se vayan - 6. venga - 7. consigamos - 8. llueva

**Ejercicio 131:** 1. Quizás la reservemos. - 2. Quizás la haga. - 3. Quizás lo pida. - 4. Quizás la utilicemos. - 5. Quizás paguemos en efectivo. - 6. Quizás lo cojamos. - 7. Quizás lo saque. - 8. Quizás lo busquemos.

**Ejercicio 132:** *Tachar:* 1. vaya - 2. molestemos - 3. venga - 4. alces - 5. compliquemos - 6. esfuerce - 7. seas - 8. apuréis

**Ejercicio 133:** 1. No es seguro que vayan solos. - 2. No creo que vengan acompañados. - 3. No es seguro que paséis el carné de conducir. - 4. No creo que suspendamos el carné de conducir. - 5. No es seguro que esté criticándonos. - 6. No creo que hable de sus cosas. - 7. No es seguro que tengamos una llamada perdida. - 8. No creo que nos encontremos un mensaje.

**Ejercicio 134:** 1. No, no creo que le interese el tema del congreso. - 2. No, no creo que le dé vergüenza hablar en público. - 3. No, no creo que me fastidien las críticas. - 4. No, no creo que te metas en donde no te llaman. - 5. No, no creo que nos hagamos de rogar demasiado. - 6. No, no creo que les importe lo que digas. - 7. No, no creo que le moleste tu presencia. - 8. No, no creo que sea fácil.

**Ejercicio 135:** 1. ...pero no es verdad que critique su actitud siempre. - 2. ...pero no está claro que salga mal siempre. - 3. ...pero no es obvio que tengáis razón siempre.

- 4. ...pero no es verdad que no hagas nada bien siempre. - 5. ...pero no es verdad que no tengan suerte siempre. - 6. ...pero no está claro que seas injusto siempre.- 7. ...pero no es obvio que haya problemas siempre. - 8. ...pero no es cierto que se esfuercen siempre.

**Ejercicio 136:** 1. hagas - 2. deje - 3. pidan - 4. tengáis - 5. decida - 6. tomen - 7. sepas - 8. quepa

**Ejercicio 137:** 1. No quiero que os responsabilicéis de eso. - 2. Quiero que lo intenten. - 3. No quiero que se equivoque. - 4. Quiero que te diviertas. - 5. Quiero que se lo pase bien. - 6. Quiero que se pierdan por ahí. - 7. Quiero que os olvidéis de todo. - 8. No quiero que pienses en nada.

**Ejercicio 138:** 1. ...y que usted tome las suyas. - 2. ...y que vosotros seáis responsables de los vuestros. - 3. ...y que tú expongas las tuyas. - 4. ...y que ellos asuman las suyas. - 5. ...y que él esté orgulloso del suyo. - 6. ...y que ustedes se arrepientan de los suyos. - 7. ...y que vosotros desconfiéis de los vuestros. - 8. ...y que tú recurras a los tuyos.

**Ejercicio 139:** 1. estén - 2. sea - 3. tenga - 4. realice - 5. pinche - 6. quepa - 7. trabaje - 8. venda

**Ejercicio 140:** 1. Queremos una casa que disponga de vistas al mar. - 2. Queremos unos transportes públicos que funcionen bien. - 3. Queremos una universidad que concentre todas las facultades. - 4. Queremos una ciudad que posea muchos espacios verdes. - 5. Queremos un alcalde que se involucre en los asuntos de la ciudad. - 6. Queremos un presidente que sea joven y dinámico. - 7. Queremos unos colegios que impartan enseñanza bilingüe. - 8. Queremos unas instalaciones deportivas que puedan estar entre las mejores del país.

**Ejercicio 141:** 1. ocurra - 2. dé - 3. llegues - 4. salgas - 5. haya - 6. tengas - 7. parezca - 8. apetezca

**Ejercicio 142:** 1. Quien pueda pagárselo que se lo pague. - 2. Quien pueda comprárselo que se lo compre. - 3. Quien pueda arreglárselas solo que se las arregle. - 4. Quien pueda componérselas solo que se las componga. - 5. Quien quiera pasárselo bien que se lo pase. - 6. Quien quiera dárselas de listo que se las dé. - 7. Quien quiera tomárselo en serio que se lo tome. - 8. Quien quiera perdérselo que se lo pierda.

**Ejercicio 143:** 1. recibe - 2. disfrute - 3. pueda - 4. posee - 5. dispongan - 6. son - 7. se practican - 8. vuelva

**Repaso 144:** se recupere - sea - esté - tenga - te caigas - resbalen - corráis - pongan - traduzcan - se le ocurra - den - pueda - se enteren - se tranquilice - se haga - vaya - parezca - nos enfademos - esté - pierda - haya - sepa

## Capítulo 8

**Ejercicio 145:** 1. No des/deis... - 2. No te andes/os andéis... - 3. No te eches/os echéis... - 4. No cedas/cedáis... - 5. No recibas/recibáis... - 6. No te resistas/os resistáis... - 7. No te metas/os metáis... 8. No te vendas/os vendáis...

**Ejercicio 146:** 1. ¡No se confíe/se confíen! - 2. ¡No ceda/cedan! - 3. ¡No desista/desistan! - 4. ¡No se asome/se asomen! - 5. ¡No se resista/se resistan! - 6. ¡No pase/pasen! - 7. ¡No entre/entren! - 8. ¡No se confunda/se confundan!

**Ejercicio 147:** 1. ¡No nos confiemos! - 2. ¡No cedamos! - 3. ¡No desistamos! - 4. ¡No nos asomemos! - 5. ¡No nos resistamos! - 6. ¡No pasemos! - 7. ¡No entremos! - 8. ¡No nos confundamos!

**Ejercicio 148:** 1. c - 2. e - 3. a - 4. d - 5. b - 6. a - 7. d - 8. e

**Ejercicio 149:** 1. ¡No compres los vaqueros, no es una ganga! - 2. ¡No escondáis el regalo, no es una sorpresa! - 3. ¡No señales los errores, no es fundamental! - 4. ¡No inscribas a una amiga, no es gratis! - 5. ¡No cortéis las relaciones, no es lo mejor! - 6. ¡No laves las alfombrillas del coche, no están sucias! - 7. ¡No escribáis una solicitud, no es necesario! - 8. ¡No regaléis la ropa vieja, está usada!

**Ejercicio 150:** 1. ¡No los compres, no es una ganga! - 2. ¡No lo escondáis, no es una sorpresa! - 3. ¡No los señales, no es fundamental! - 4. ¡No la inscribas, no es gratis! - 5. ¡No las cortéis, no es lo mejor! - 6. ¡No las laves, no están sucias! - 7. ¡No la escribáis, no es necesario! - 8. ¡No la regaléis, está usada!

**Ejercicio 151:** 1. ¡No, no las abráis! - 2. ¡No, no la sacudas! - 3. ¡No, no los limpies! - 4. ¡No, no los barráis! - 5. ¡No, no lo cortéis! - 6. ¡No, no la pintes! - 7. ¡No, no los recibas! - 8. ¡No, no las presentéis!

**Ejercicio 152:** 1. ...no, mejor no la cambiemos! - 2. ...no, mejor no la lleve! - 3. ...no, mejor no los ates! - 4. ...no, mejor no lo llaméis! - 5. ...no, mejor no lo vacunen! - 6. ...no, mejor no las compréis! - 7. ...no, mejor no la limpies! - 8. ...no, mejor no la cambiéis!

**Ejercicio 153:** 1. ...ya no me la compréis! - 2. ...ya no se lo escribas! - 3. ...ya no me los cambien! - 4. ...ya no se los anule! - 5. ...ya no me los reserves! - 6. ...ya no se los contratéis! - 7. ...ya no se los confirmen! - 8. ...ya no nos la mande!

**Ejercicio 154:** 1. No empieces/empecéis... - 2. No cuentes/contéis... - 3. No sigas/sigáis... - 4. No pidas/pidáis... - 5. No te duermas/os durmáis... - 6. No quieras/queráis... - 7. No te sirvas/os sirváis... - 8. No juegues/juguéis...

**Ejercicio 155:** 1. No se haga/se hagan... 2. No diga/digan... - 3. No se ponga/se pongan... - 4. No distribuya/distribuyan... - 5. No introduzca/introduzcan... -6. No vaya/vayan... - 7. No se ponga/se pongan... - 8. No venga/vengan...

**Ejercicio 156:** 1. c - 2. d - 3. e - 4. a - 5. b - 6. a - 7. d - 8. c

**Ejercicio 157:** *Tachar:* 1. muevan - 2. vayas - 3. salgan - 4. pierda - 5. sentéis - 6. vuelvan - 7. caigan - 8. haga

**Ejercicio 158:** 1. ¡No contribuyáis con nada! - 2. ¡No nos cuentes nada! - 3. ¡No me pongas nada de beber! - 4. ¡No busquéis nada para picar! - 5. ¡No saques nada de la nevera! - 6. ¡No nos traduzcáis nada de lo que dice! - 7. ¡No invirtáis nada en bolsa! - 8. ¡No hagas nada por Ramón!

**Ejercicio 159:** 1. ¡No rectifiquéis! - 2. ¡No conduzcamos! - 3. ¡No toquen! - 4. ¡No huyas! - 5. ¡No riegue! - 6. ¡No pesquéis! - 7. ¡No cacen! - 8. ¡No juegues!

**Ejercicio 160:** 1. ¡No, no la pongáis/pongan todavía! - 2. ¡No, no la recojáis/recojan todavía! - 3. ¡No, no la coloquéis/coloquen todavía! - 4. ¡No, no lo distribuyáis/distribuyan todavía! - 5. ¡No, no la saquéis/saquen todavía! - 6. ¡No, no os vistáis/se vistan todavía! - 7. ¡No, no lo cozáis/cuezan todavía! - 8. ¡No, no lo probéis/prueben todavía!

**Ejercicio 161:** 1. ...no, mejor no la carguéis! - 2. ...no, mejor no la pospongas! - 3. ...no, mejor no la digas! - 4. ...no, mejor no los recojáis! - 5. ...no, mejor no las plastifiques! - 6. ...no, mejor no los distraigas! - 7. ...no, mejor no lo verifiquéis! - 8. ...no, mejor no la reconstruyáis!

**Ejercicio 162:** 1. Nunca paguéis por adelantado, no es aconsejable. - 2. Nunca salgan a pasear por la noche, no es prudente. - 3. Nunca muestres el dinero en público, es imprudente. - 4. Nunca saque fotos sin permiso, está prohibido. - 5. No ingiráis alimentos no cocinados, es desaconsejable. - 6. No hagas compras sin regatear, es absurdo. - 7. Nunca elijan un hotel barato, no es una buena idea. - 8. Nunca conduzca, es una locura.

**Ejercicio 163:** 1. ...ya no se lo propongáis! - 2. ...ya no nos lo resuelvan! - 3. ...ya no me los traiga! - 4. ...ya no se las entregue! - 5. ...ya no se la hagan! - 6. ...ya no nos las corrijáis! - 7. ...ya no me lo traduzcas! - 8. ...ya no se lo pida!

**Repaso 164:** cojas/coja - resérvalo/resérvelo - hagas/haga - saca/saque - factures/facture - te preocupes/se preocupe - toma/tome - identifícate/identifíquese - pide/pida - aceptes/acepte - elijas/elija - vayas/vaya - pongas/ponga - Da/Dé - salgas/salga - déjalo/déjelo - Pide/Pida - te pierdas/se pierda - comas/coma - tómate/tómese - Ten/Tenga - hagas/haga - llames/llame - la molestes/la moleste - te agobies/se agobie - te pongas/se ponga - Disfruta/Disfrute - pásalo/páselo

# Capítulo 9

**Ejercicio 165:** 1. os habíais dado - 2. habías visto - 3. había avisado - 4. habíamos oído - 5. había detenido - 6. habían confesado - 7. se habían enterado - 8. se había recuperado

**Ejercicio 166:** 1. No, nunca habíamos visitado antes la Mezquita de Córdoba. - 2. No, nunca había entrado antes en el Alcázar de Sevilla. - 3. No, los estudiantes nunca habían subido antes a la Giralda. - 4. No, nunca había programado antes una visita a Andalucía. - 5. No, nunca había venido antes a los pueblos blancos. - 6. No, nunca me había acompañado antes mi novio a Sevilla. - 7. No, nunca me habían hablado antes del barrio de Santa Cruz. - 8. No, nunca habíamos visitado antes la plaza de toros de la Maestranza.

**Ejercicio 167:** 1. Nunca habíamos consumido tanta agua. - 2. Nunca habías cometido tantas faltas. - 3. Nunca habían puesto tantas trabas. - 4. Nunca habían exigido tanto papeleo. - 5. Nunca habían despejado tantas incógnitas. - 6. Nunca se habían dicho tantas barbaridades. - 7. Nunca habíais resuelto tantos problemas. - 8. Nunca habíamos pedido tantas explicaciones.

**Ejercicio 168:** 1. había estado trabajando... - 2. habían estado visitando... - 3. habías estado saliendo... - 4. me había estado informando... - 5. habíamos estado analizando... - 6. habíais estado sopesando... - 7. se había estado enterando... - 8. habían estado haciendo...

**Ejercicio 169:** 1. Se sabía que el padre había asistido al parto. - 2. Se sabía que habían tenido gemelos. - 3. Se sabía que había sido un embarazo difícil. - 4. Se sabía que habías adoptado un niño. - 5. Se sabía que habíamos llevado en secreto la adopción. - 6. Se sabía que los trámites habían resultado complejos. - 7. Se sabía que tu mujer había estado embarazada. - 8. Se sabía que vosotros habíais sido los padrinos.

**Ejercicio 170:** 1. Era obvio que ya habían hecho las paces. - 2. Estaba probado que les habíais engañado. - 3. No había duda de que les habías mentido. - 4. Era evidente que no habíamos resuelto el conflicto. - 5. No cabía duda de que había fracasado. - 6. Estaba comprobado que no había habido comunicación. - 7. Era casi seguro que no habían llegado a un acuerdo. - 8. Era incuestionable que habíais abusado de su confianza.

**Ejercicio 171:** 1. Hacía / se había quedado - 2. llevaban / había nevado - 3. estabas / te habías vestido - 4. teníais / os habíais calzado - 5. podíamos / nos habíamos olvidado - 6. estaba / había dejado - 7. Soplaba / se habían parado - 8. veía / habían abarrotado

**Ejercicio 172:** 1. ...como habías sido siempre. - 2. ...como la había metido siempre. - 3. ...como habían dicho siempre. - 4. ...como habíais hecho siempre. - 5. ...como se habían tomado siempre. - 6. ...como había tenido siempre. - 7. ...como habíamos gastado siempre. - 8. ...como había cotilleado siempre.

**Ejercicio 173:** 1. No habíamos dormido tan bien desde hace tiempo. - 2. No nos lo habíamos pasado tan bien desde hace tiempo. - 3. No había estado tan a gusto desde hace tiempo. - 4. No me había encontrado tan mal desde hace tiempo. - 5. No había sido tan interesante desde hace tiempo. - 6. No se habían portado tan bien desde hace tiempo. - 7. No me habían tratado tan bien desde hace tiempo. - 8. No nos habían atendido tan bien desde hace tiempo.

**Ejercicio 174:** 1. ha sucedido / habíamos previsto - 2. ha ocurrido / habían proyectado - 3. ha pasado / habías dicho - 4. ha salido / había concebido - 5. ha ido / había planeado - 6. ha resultado / habíais propuesto - 7. ha sido / habían imaginado - 8. se ha producido / había informado

**Ejercicio 175:** 1. Nunca antes habíamos volado en parapente. - 2 Nunca antes se habían lanzado en paracaídas. - 3. Nunca antes había practicado el vuelo sin motor. - 4. Nunca antes había hecho delta plan. - 5. Nunca antes nos habíamos subido en un avión de caza. - 6. Nunca antes habían estado a bordo de un portaviones. - 7. Nunca antes había viajado en helicóptero. - 8. Nunca antes habíamos visitado una nave espacial.

**Ejercicio 176:** 1. se había acabado - 2. os habíais ido - 3. habías salido - 4. habían llegado - 5. se había instalado - 6. había recibido - 7. se había puesto - 8. habías hecho

**Ejercicio 177:** 1. Me dijeron que habían recomendado no hacer esquí fuera de las pistas. - 2. Me dijeron que había nevado todo el día anterior. - 3. Me dijeron que habían tenido un accidente esquiando. - 4. Me dijeron que un alud había sepultado a varias personas. - 5. Me dijeron que los servicios de rescate habían venido rápidamente. - 6. Me dijeron que tú habías esquiado con ellos ese día. - 7. Me dijeron que vosotros no habíais querido salir fuera de las pistas. - 8. Me dijeron que todos habían salido del hospital por su propio pie.

**Ejercicio 178:** 1. No, ya me habían multado otras veces. - 2. No, ya nos habíamos colado otras veces. - 3. No, ya le habían despedido otras veces. - 4. No, ya me la habían llamado otras veces. - 5. No, ya habíamos quedado otras veces. - 6. No, ya nos habíamos visto otras veces. - 7. No, ya lo había tenido otras veces. - 8. No, ya la habían detenido otras veces.

**Ejercicio 179:** 1. Ayer no verificaron los frenos, pero ya los habían verificado antes. - 2. Ayer no hinché las ruedas, pero ya las había hinchado antes. - 3. Ayer no cambiamos el aceite, pero ya lo habíamos cambiado antes. - 4. Ayer no revisaste la caja de cambios, pero ya la habías revisado antes. - 5. Ayer no hicisteis funcionar el parabrisas, pero ya lo habíais hecho funcionar antes. - 6. Ayer no comprobaron las luces largas, pero ya las habían comprobado antes. - 7. Ayer no puso en marcha el motor, pero ya lo había puesto antes. - 8. Ayer no llevé el coche a revisión, pero ya lo había llevado antes.

**Ejercicio 180:** 1. aprobaste / habías trabajado - 2. paró / había visto - 3. fueron / se habían inscrito - 4. conseguisteis / habíais hecho - 5. reclamamos / habíamos considerado - 6. denunciaron / habían conseguido - 7. perdí / había contratado - 8. hubo / había llegado

**Ejercicio 181:** *Tachar:* 1. había estado - 2. dabas - 3. volvías - 4. había sido - 5. habíamos estado - 6. cambiaba - 7. habían quedado - 8. resolvía

**Repaso 182:** había cambiado - te habías marchado - te habías quedado - habían vendido - habían vuelto - os habíais casado - os habíais instalado - había seguido - había dejado - habíamos compartido - habíamos crecido - se había acabado - habíamos dejado - habíamos pasado - habían perdido - habían cogido - habíamos envejecido - se había olvidado - había escrito

# Capítulo 10

**Ejercicio 183:** 1. se haga - 2. organices - 3. tome - 4. pongan - 5. retransmitan - 6. tenga - 7. estéis - 8. se acabe

**Ejercicio 184:** 1. se hizo - 2. organizaste - 3. tomó - 4. pusieron - 5. retransmitieron - 6. tuvo - 7. estuvisteis - 8. se acabó

**Ejercicio 185:** *Tachar:* 1. tuve - 2. estabas - 3. acabes - 4. pida - 5. disculparon - 6. nazca - 7. fuiste - 8. necesitas

**Ejercicio 186:** 1. Cuando me tranquilice, todo irá bien. - 2. Cuando llegue el fin de semana, habrá más ambiente. - 3. Cuando salgamos de noche, volveremos muy tarde. - 4. Cuando vuelvan a casa, harán mucho ruido. - 5. Cuando hagas mucho ruido, los vecinos se quejarán. - 6. Cuando los vecinos se quejen, os llamarán la atención. - 7. Cuando te llamen la atención, te molestará. - 8. Cuando le moleste algo, se pondrá de mal humor.

**Ejercicio 187:** 1. Cuando duermas, roncarás. - 2. Cuando ronque, no me dejará dormir. - 3. Cuando quiera algo, no parará hasta lograrlo. - 4. Cuando lo consigan, pasarán a otra cosa. - 5. Cuando necesitéis algo, llamaréis. - 6. Cuando lo pruebes, te gustará. - 7. Cuando se calme, podremos hablar serenamente. - 8. Cuando se vaya, lo echaremos de menos.

**Ejercicio 188:** 1. lleguemos / iremos - 2. conozcáis / gustarán - 3. veas / impresionará - 4. visite / habrá - 5. entren / tendrán - 6. baje / verá - 7. probéis / descubriréis - 8. regreses / querrás

**Ejercicio 189:** *Tachar:* 1. tengo - 2. despierte - 3. vea - 4. firma - 5. publican - 6. compremos - 7. acabamos - 8. duren

**Ejercicio 190:** 1. Tan pronto como empiece a llover, la gente abrirá los paraguas. - 2. Mientras esté lloviendo, no saldremos a la calle. - 3. Hasta que no deje de llover, no podremos encontrar un taxi. - 4. Cuando salga el primer rayo de sol, la gente abarrotará las terrazas. - 5. En cuanto paguen, se irán. - 6. Tan pronto como acabemos de comer, pediremos la cuenta. - 7. Mientras no hablen, no habrá acuerdo. - 8. Hasta que no los pidamos, no nos traerán los abrigos.

**Ejercicio 191:** 1. Tan pronto como llegué, te avisé. - 2. Mientras mantuve esa presión, tuve problemas. - 3. Hasta que no bajé el ritmo, no dormí bien. - 4. Cuando me adapté, viví mejor. - 5. En cuanto lo conocí, me cayó bien. - 6. Tan pronto como la traté, cambié de opinión. - 7. Mientras no cogí confianza, fue difícil para mí. - 8. Hasta que no me sinceré, no arreglé nada.

**Ejercicio 192:** 1. No hice ningún cambio hasta no verlo claro. - 2. No te despedirán hasta encontrar un sustituto. - 3. No fue a clase hasta estar bueno. - 4. No le dijeron que sí hasta comprobar el currículo. - 5. No me puse a trabajar hasta salir de la universidad. - 6. No encontraron trabajo hasta cambiar de ciudad. - 7. No encontró nada hasta proponérselo. - 8. No alquiló un piso hasta saber dónde iba a trabajar.

**Ejercicio 193:** 1. *No es posible.* - 2. hasta conseguir... - 3. hasta obtener... - 4. *No es posible.* - 5. hasta lograr... - 6. *No es posible* - 7. hasta quedar... - 8. hasta cansarme...

**Ejercicio 194:** 1. escribirá / recopile - 2. redactarás / quiera - 3. editará / termine - 4. pondrán / dé - 5. publicarán / obtengan - 6. enviaréis / registre - 7. darán / se ponga - 8. saldrá / sea

**Ejercicio 195:** 1. Aunque no sé cuándo recopilaré toda la información. - 2. Aunque no sé cuándo el periódico querrá. - 3. Aunque no sé cuándo se terminará la novela. - 4. Aunque no sé cuándo la editorial dará el visto bueno. - 5. Aunque no sé cuándo obtendrán la autorización del interesado. - 6. Aunque no sé cuándo se registrará el manuscrito. - 7. Aunque no sé cuándo el jurado se pondrá de acuerdo. - 8. Aunque no sé cuándo será posible.

**Ejercicio 196:** 1. Pregunta primero el precio antes de comprar algo. - 2. Mira bien a la izquierda y a la derecha antes de cruzar. - 3. Apaga el ordenador antes de salir. - 4. Avísame antes de irte. - 5. Dame un telefonazo antes de venir. - 6. Comprueba la dirección antes de mandar el mail. - 7. Entérate bien de los intereses antes de solicitar el crédito. - 8. Consulta el sitio internet antes de hacer la reserva.

**Ejercicio 197:** 1. tomemos - 2. vengan - 3. lo vea - 4. lleguéis - 5. lo mandes - 6. sea - 7. aceptemos - 8. estén

**Ejercicio 198:** 1. ...antes de que se acabe. - 2. ...antes de que cierren. - 3. ...antes de lavarlo. - 4. ...antes de contestar. - 5. ...antes de que se agoten. - 6. ...antes de ir. - 7. ...antes de entrar. - 8. ...antes de que lo cambien.

**Ejercicio 199:** 1. Después de comprar los ingredientes, descongélalos. - 2. Después de descongelarlos, mételos en la nevera. - 3. Después de preparar el acompañamiento, sácalos del frigorífico. - 4. Después de hacer la salsa, ponlo todo en una bandeja. - 5. Después de calentar el horno, mete la bandeja. - 6. Después de comprobar la cocción, gira la bandeja. - 7. Después de terminar, déjalo reposar. - 8. Después de probarlo, sírvelo.

**Ejercicio 200:** 1. termine - 2. tome - 3. vaya - 4. autorice - 5. llame - 6. presente - 7. decida - 8. acabe

**Ejercicio 201:** 1. Nada más entrar en clase, empezamos el examen. - 2. Nada más terminar el examen, salí disparado para la estación. - 3. Nada más subir, el tren se puso en marcha. - 4. Nada más sentarme, me quedé dormido. - 5. Nada más dormirse, se puso a roncar. - 6. Nada más despertarme, fui a tomar un café. - 7. Nada más tomar el café, la vi. - 8. Nada más verla, me enamoré.

**Ejercicio 202:** 1. Al meter la llave en la cerradura, noté algo raro. - 2. Al abrir la puerta, no vi nada especial. - 3. Al encender las luces de mi oficina, algo se movió. - 4. Al salir al pasillo, una sombra apareció al fondo. - 5. Al sonar el teléfono, contesté. - 6. Al cogerlo, una voz me dijo: salga de ahí inmediatamente. - 7. Al querer escapar, me caí. - 8. Al gritar, me desperté.

**Ejercicio 203:** 1. Al hacer senderismo, estás en contacto con la naturaleza. - 2. Al oírlo hablar, todo es posible. - 3. Al escuchar su música, te olvidas de todo. - 4. Al leer sus libros, viajas en el tiempo. - 5. Al ver sus películas, te diviertes mucho. - 6. Al esquiar en el mes de enero, pasas mucho frío. - 7. Al nadar, desarrollas la musculatura. - 8. Al jugar al ajedrez, ejercitas el cerebro.

**Repaso 204:** salir - vi - se dio - cruzar - pude - plantaba - vea - pase - apareció - verlo - cambie - siga - coja

# Capítulo 11

**Ejercicio 205:** 1. dormí - 2. tomó - 3. intentaron - 4. fue - 5. tuvimos - 6. puso - 7. molestó - 8. se enfadaron

**Ejercicio 206:** 1. duerma - 2. tome - 3. intenten - 4. sea - 5. tengamos - 6. ponga - 7. moleste - 8. se enfaden

**Ejercicio 207:** *Tachar:* 1. jueguen - 2. cierre - 3. sonó - 4. descanse - 5. vienes - 6. cuesta - 7. trate - 8. gritas

**Ejercicio 208:** 1. Pues aunque no hagas deporte, es saludable. - 2. Pues aunque no te venga nada bien, es obligatorio. - 3. Pues aunque no te guste ponerte protección solar, es conveniente. - 4. Pues aunque no estés de acuerdo con ese horario, es inamovible. - 5. Pues aunque no os importe mucho ese detalle, es fundamental. - 6. Pues aunque os parezca una medida injusta, es legal. - 7. Pues aunque os encante tomar el sol, es peligroso. - 8. Pues aunque no le deis importancia al aspecto exterior, es importante.

**Ejercicio 209:** 1. Don Jaime tiene 85 años, pero aunque tenga 85 años, no los aparenta. - 2. Andrés habla mucho, pero aunque hable mucho, es muy tímido. - 3. Me gusta mucho mi casa, pero aunque me guste mucho, es un poco pequeña.

- 4. Vivimos bien aquí, pero aunque vivamos bien aquí, no nos adaptamos. - 5. Se viste con ropa de marca, pero aunque se vista con ropa de marca, es una paleta. - 6. No tiene buen aspecto, pero aunque no tenga buen aspecto, está mejor. - 7. Nos saludamos, pero aunque nos saludemos, no somos íntimos. - 8. Conocéis a mucha gente, pero aunque conozcáis a mucha gente, estáis solos.

**Ejercicio 210:** 1. Aun pidiéndomelo de rodillas, le diré que no. - 2. Aun pagándole el doble, no aceptará ese trabajo. - 3. Aun estudiando como locos, no aprobaréis. - 4. Aun yéndose a Inglaterra todo el año, no aprenderá inglés. - 5. Aun llegando a esa hora, perderás la conexión. - 6. Aun habiéndome tomado una pastilla, me seguía doliendo la cabeza. - 7. Aun estando distanciados, se saludan cortésmente. - 8. Aun comiendo mucho, no engordo.

**Ejercicio 211:** 1. A pesar de ganar mucho dinero, es un tacaño. - 2. A pesar de caerse desde la ventana, no le pasó nada. - 3. A pesar de estar enfermo, fui a clase. - 4. A pesar de no compartir sus ideas, las respeto. - 5. A pesar de no tener nada en común, se llevan bien. - 6. A pesar de salir desde hace años, han roto. - 7. A pesar de no merecerlo, te haré un regalo. - 8. A pesar de no parecerlo, son hermanos.

**Ejercicio 212:** 1. me abrigué - 2. salieron - 3. comiendo - 4. marearse - 5. solicitasteis - 6. cometer - 7. utilizando - 8. fueron

**Repaso 213:** avisé - le indiqué - decirle - sabiendo - esté - vaya

**Ejercicio 214:** 1. haga - 2. salga - 3. den - 4. informen - 5. exponga - 6. nos pongamos - 7. manden - 8. expliquen

**Ejercicio 215:** 1. Para que sea una gran fiesta. - 2. Para que haya más ambiente. - 3. Para que venga conmigo de compras. - 4. Para que me cuentes todos los cotilleos. - 5. Para que me digan que hay de nuevo. - 6. Para que guarde la finca. - 7. Para que corran los perros. - 8. Para que jueguen los niños.

**Ejercicio 216:** 1. Quiere hablar con vosotros para solucionar vuestras diferencias. - 2. Queremos hablar contigo para salir de dudas. - 3. Quieren hablar conmigo para llegar a un acuerdo. - 4. Quiero hablar contigo para saber a qué atenernos. - 5. Quieren quedar contigo para romper el hielo. - 6. Quiero quedar con vosotros para hablar de nuestras cosas. - 7. Quiere quedar conmigo para contarnos nuestras penas. - 8. Queremos quedar con vosotros para poner las cosas en su sitio.

**Repaso 217:** puedas - utilizar - te acuerdes - te abra - han puesto - poder - roben - sirven - subir

**Ejercicio 218:** 1. Canceló la cita con el dentista porque no le dolía la muela. / Como no le dolía la muela, canceló la cita con el dentista. - 2. Creímos que se habían ido porque no los oíamos. / Como no los oíamos, creímos que se habían ido. - 3. Pensé que no había venido porque no la veía. / Como no la veía, pensé que no había venido. - 4. Nos dimos cuenta que algo iba mal porque no se movía. / Como no se movía, nos dimos cuenta que algo iba mal. - 5. Dejé el paraguas en casa porque no llovía. / Como no llovía, dejé el paraguas en casa. - 6. Cerraron la empresa porque no era rentable. / Como no era rentable, cerraron la empresa. - 7. Supusimos que todo iba bien porque no había quejas. / Como no había quejas, supusimos que todo iba bien. - 8. Le llamaron la atención porque no se callaba. / Como no se callaba, le llamaron la atención.

**Ejercicio 219:** 1. Es que me da apuro. - 2. Es que nos da corte. - 3. Es que me da no sé qué. - 4. Es que les da pena. - 5. Es que me cae como un tiro. - 6. Es que les cae fatal. - 7. Es que nos caen muy mal. - 8. Es que no puedo con ellas.

**Ejercicio 220:** 1. Devolvió el pantalón por sentarle mal. - 2. Cambió el vestido por no ser su talla. - 3. Prefirió dejarlo por no tenerlo muy claro. - 4. Se lo quedó por tratarse de un regalo. - 5. Se fue de compras por estar aburrida. - 6. No entraron en la tienda por no gastar dinero. - 7. Se compró dos blusas por no poder decidirse por una. - 8. Se fueron de rebajas por no saber qué hacer.

**Ejercicio 221:** 1. No podemos ayudarte, y no es porque no queramos. - 2. No lo consiguen, y no es porque no lo intenten una y otra vez. - 3. Sigue teniendo miedo a volar, y no es porque no coja el avión a menudo. - 4. Siempre se equivocan, y no es porque no conozcan el código. - 5. No lo voy a comprar, y no es porque no me guste. - 6. No avanzan, y no es porque no pongan interés. - 7. No dice nada, y no es porque no hable. - 8. Nunca paga, y no es porque no tenga dinero

**Repaso 222:** dijimos - está - creía - hicisteis - tenga - merece - es - diga - piensa - tener

**Ejercicio 223:** 1. Si te vas un curso a Méjico, progresarás rápidamente. - 2. Si escucho programas en radio o televisión, desarrollaré la comprensión oral. - 3. Si leéis periódicos, haréis progresos en comprensión escrita. - 4. Si escriben mails, practicarán la expresión escrita. - 5. Si hablamos todos los días, conseguiremos fluidez. - 6. Si estudia la gramática, aprenderá la estructura de la lengua. - 7. Si te apuntas a un curso intensivo, adquirirás las bases. - 8. Si no hacéis todo esto, difícilmente podréis avanzar.

**Ejercicio 224:** 1. te interesa / acepta - 2. hay / tenme - 3. es / avísale - 4. está / ponlo - 5. hace / sal - 6. te gusta / díselo - 7. te importa / ven - 8. te viene / hazme

**Repaso 225:** apruebo - dan - tomaré - estás - iré - tienes - me alojaré - te viene - llámame - estoy - deja - va - nos veremos

**Ejercicio 226:** 1. Han perdido el tren, así que / por eso han venido en coche. - 2. Había atascos, así que / por eso les ha llevado mucho tiempo. - 3. No tenía cobertura, así que / por eso no ha podido llamar por teléfono. - 4. Ana está enferma, así que / por eso viene solo. - 5. No quiero molestar, así que / por eso me alojo en un hotel. - 6. No sabíamos su dirección, así que / por eso hemos llamado a Jorge. - 7. Había gente de muchas nacionalidades, así que / por eso se ha hablado en inglés. - 8. Es la cena de clausura, así que / por eso comen todos juntos.

**Ejercicio 227:** 1. Han perdido el tren, de ahí que hayan venido en coche. - 2. Había atascos, de ahí que les haya llevado mucho tiempo. - 3. No tenía cobertura, de ahí que no haya podido llamar por teléfono. - 4. Ana está enferma, de ahí que venga solo. - 5. No quiero molestar, de ahí que me aloje en un hotel. - 6. No sabíamos su dirección, de ahí que hayamos llamado a Jorge. - 7. Había gente de muchas nacionalidades, de ahí que se haya hablado en inglés. - 8. Es la cena de clausura, de ahí que coman todos juntos.

**Ejercicio 228:** 1. O sea, que no salen. - 2. O sea, que se marcha. - 3. O sea, que están hartos. - 4. O sea, que no le viene bien. - 5. O sea, que quieren una rebaja. - 6. O sea, que está pensándolo. - 7. O sea, que no les interesa. - 8. O sea, que no puede llevarnos.

**Ejercicio 229:** *Tachar:* 1. por eso - 2. de ahí que - 3. así que - 4. por eso - 5. de ahí que - 6. así que - 7. o sea - 8. así que

**Repaso 230:** así que/por eso - por eso - de ahí que - Así que/Por eso - de ahí que - O sea - o sea